우리는 왜
대통령만 바라보았는가

우리는 왜 대통령만 바라보았는가

초판 1쇄 발행 2025년 2월 27일

지은이 손민석
펴낸이 서재필

펴낸곳 마인드빌딩
출판신고 2018년 1월 11일 제395-2018-000009호
이메일 mindbuilders@naver.com

ISBN 979-11-92886-78-7 (03100)

＊책값은 뒤표지에 있습니다.
＊잘못된 책은 구입하신 곳에서 바꿔드립니다.

마인드빌딩에서는 여러분의 투고 원고를 기다리고 있습니다. 출판하고 싶은 원고가 있는 분은
mindbuilders@naver.com으로 기획 의도와 간단한 개요를 연락처와 함께 보내주시기 바랍니다.

우리는 왜
대통령만
바라보았는가

손민석 지음

한국사회,

다시 전제주의를

불러내다

마인드
빌딩

추천사

이 책은 문제적이다. 대통령의 친위 쿠데타를 낳은 한국 정치를 현대판 전제주의로 비판하지만, 촛불시위에서 새로운 희망을 보려는 태도와는 거리를 둔다. 저자는 원자화된 개인이 만들어내는 소용돌이의 정치가 전제주의를 떠받치고 있다고 본다. 문제는 한국 대중운동의 역사가 이러한 전제주의의 작동 구조와 겹친다는 데 있을 것이다. 저자는 사적 결사체, 즉 공동체에 의한 사적 자치의 등장을 희구한다. 저자의 기획은 이른바 근대의 고차원적 회복을 위한 길인가 아니면 엘리트가 대중에게 품는 공포의 변종인가. 동서양의 고전을 구사하며 한국 정치를 해부하는 저자의 눈길은 좌파와 우파를 가로지르는 불온함을 띤다.

홍종욱, 서울대학교 인문학연구원 교수

손민석은 마르크스주의 역사이론을 탐구해온 연구자다. 하지만 그의 시선은 기존 마르크스주의 용어인 '계급'과 '계급투쟁'의 틀에 머물지 않는다. '전제주의'라는 개념을 중심으로 마르크스와 레닌을 비롯한 다양한 사상서들을 자유롭게 넘나들며, 현재 한국 정치와 사회에 대한 날카로운 질문과 통찰을 던진다.

저자는 노무현 정부 이후 '촛불시위' 등이 오히려 자율성을 잃어가는 시민사회와 맞닿는다고 진단한다. 정당은 대통령의 의지를 실현하는 도구로 전락하고, 시민단체들은 대중운동의 장에서만 제한적인 역할을 한다. 정치를 주도해야 할 결사체들은 대통령에게 모든 권한과 권력을 집중시키며, 성군(聖君)이 되기를 바란다. 그는 이 현상을 단순히 제도적 한계로 보지 않고, 아시아적 특질이라는 맥락에서 기원을 탐구하며 새로운 시각을 제시한다.

이 책은 우리의 문제의식을 '계엄', '윤석열', '탄핵', '대선' 등의 단순한 프레임에 가두지 않고, 그 너머의 가능성을 모색하려는 이들에게 영감과 신선한 자극을 제시한다. 새로운 통찰을 원하는 독자라면 꼭 읽어보기를 권한다.

정혜윤, 국회미래연구원 부연구위원 / 노동정치 연구자

읽기 시작했을 때부터 첫 글자부터 끝 글자까지 눈을 떼기 어려웠다. 저자가 사회를 바라보는 관점은 상당히 독특하면서도 흡입력이 지독하다. 저자는 도저히 이해할 수 없을 것 같은 윤석열 정부라는 틀에 '전제주의' 씨실과 '시민사회' 날실로 짜낸 하나의 완성된 태피스트리를 독자에게 제시한다. '명징하게 직조했다'는 표현은 이럴 때 쓰는 것이라고 생각한다. 윤석열 정부를 보나파르티즘으로 바라보고, 국가와 개인 사이에 있어야 할 시민사회의 부재를 풀어낸 저자의 탁월한 안목은 감탄을 자아낸다. 세세한 부분에서 이견이 있을지라도, 이 두 핵심 축은 강하게 동의한다.

글은 본디 정적이다. 윤석열이 2024년 12월 3일 현직 대통령 신분으로 친위 쿠데타를 일으켜 실패하고 버티다 내란수괴로 체포된 상황에서 혹자는 이 원고의 효용을 의심할지도 모른다. 그러나 글은 정적이면서 동시에 동적이다. 윤석열이 내란수괴로 몰락한 지금 시점에서 이 글은 12. 3. 이후로 그 이전과는 다른 의미로서 새롭게 다가올 것이다. 윤석열 이후의 사회는 어떠해야 할까?

이 대답을 위해서는 윤석열을 잉태한 사회를 알아야 한다. 글라우 코스는 황혼 무렵이 되어야 날개를 편다. 윤석열 정부와 그 사회에 대한 평가는 이제 시작되었다. 그 시작으로서 읽기에 적절한 텍스트라 생각한다.

김래영, 법학 연구자

차　례

 전제주의,
개인으로 환원되는 정치
'전제주의'란 무엇인가

2부 시민사회로 나아가는 전제주의,
자립하지 못하는 시민사회
전제주의와 마주한 한국의 시민사회

핵심용어 해설

공론장

위르겐 하버마스가 주로 사용하는 개념으로 전통, 관습, 종교적 권위 등에 의존하지 않고 시민들 간의 자유로운 논의에 기초하여 공적인 사안이 결정되고 합의되는 영역을 의미한다. 공론장 개념에서 중요한 건 이러한 공론장 영역이 최종적으로 '의회'로 귀결된다는 점이다. 이 책에서는 하버마스의 공론장 개념을 의회와 연결된 '의사소통적 권력'으로 파악한다.

권위주의

후안 리츠가 정식화한 개념으로 영미식 자유민주주의도, 파시즘적인 전체주의도 아닌 비(非)민주적인 통치 형태를 지칭한다. 전체주의와 같이 특정 이데올로기에 기초하여 그것을 강요하는 방식으로 기능하기보다는 권력자의 개성이 주요하게 작용하는 정치체제이다.

단점정부

분점(分占)정부와 대비되는 정치형태로 특정 정당이 입법부와 행정부 모두에서 우위를 차지하여 정국을 주도하고 있는 상태를 의미한다. 쉽게 말해서 여대야소의 상태이다.

분점정부

일반적으로 대통령제 하에서 행정부를 차지한 정당이 양원제 혹은 단원제 입법부 가운데 적어도 하나에서 다수당의 지위를 누리지 못해 서로 다른 정당이 행정부와 입법부를 나누어 점하는 상황을 뜻한다. 쉽게 말해서 여소야대의 상태이다.

보나파르티즘(Bonapartism)

카를 마르크스가 최초의 '근대적 독재'인 나폴레옹 3세의 쿠데타에서 영감을 받아주조한 개념이다. 마르크스에게 보나파르티즘이란 삼권분립에 기초한 부르주아적 국가체제가 삼권분립을 폐기하고 행정부가 모든 권력을 독점함으로써 최소한의 민주성마저 상실한, 최후의 정치체제를 의미한다. 하지만 이 책에서는 행정부의 수반(주로 대통령)이 의회를 거치지 않고 대중집단과 직접적으로 연결되는 방식으로 자신의 지지기반을 조직하려고 하는 정치형태를 지칭한다. 일종의 포퓰리즘적 독재체제라 할 수 있다.

부르주아(Bourgeois)

상당히 넓은 의미를 포괄하는 개념어지만, 이 책에서는 (사회적) 생산수단의 소유자이며 임금노동자의 고용주로서 근대사회에서 경제적 지배권을 행사할 뿐만 아니라 정치, 사회, 문화 등의 다양한 사회면에서 지배적인 영향력을 행사하는 집단을 지칭하는 단어로 사용한다. 자본제 사회를 이끄는 주체로 이해할 수 있다.

프롤레타리아트(Proletariat)

부르주아지에게 고용되어 임금으로 생활하는 인간집단을 지칭한다. 노동과정 내에서는 부르주아지의 지배 하에 놓여 있지만 노동과정 외에서는 그들과 동등한 권리를 지닌 시민으로 활동한다. 자본제 사회를 대체할 대안적 사회를 형성할 주체를 의미한다.

시민사회

학계에 제출된 시민사회의 정의만 하더라도 1천 개가 넘을 정도로 다면적인 개념이지만, 이 책에서는 헤겔─마르크스의 규정을 받아들여 개인과 근대국가 사이에 존재하는 광범위한 경제적 영역을 지칭한다. 일부일처제적인 가족공동체부터 복잡한 산업들로 구성된 생산영역에 이르기까지 광범위한 영역으로, 주로 개인의 이기심에 기초한 경제활동이 주를 이룬다. 이런 의미에서 이 책에서는 시민사회를 근대국가가 관장하는 '공적 영역'과 대비되는 개인적 영역으로서의 '사적 영역'으로 파악한다. 현대사회에서는 갈수록 근대국가와 시민사회의 결합 정도가 강화되어 공사 구별이 어려워지고 있지만, 한국에서는 '전제주의'의 특질로 인해 공적 영역이 사적 영역에서 벗어나 자립하려는 경향이 강하게 나타난다.

신자유주의

20세기 후반에 나타난 정치적·경제적·사상적 조류로, 복지국가의 자본 통제에 반대해 고전적 자유주의를 새로운 형태로 부활시켜 자유로운 자본이동을 관철시키려는 기제를 지칭한다. 경제적 자유주의를 핵심으로 하며 국가의 사회개입에 반대한다. 스코틀랜드 계몽주의에서 기원하였으며, 경제적 자유의 확대가 궁극적으로 정치적 자유의 증진으로 이어진다는 신념을 고수한다.

전제주의

공적(公的)·사회적 가치가 대통령과 같은 '정치 지도자 개인'으로 환원되어 표출되는 현상을 지칭한다. 법치로 대표되는 제도화된 정치가 아니라 대통령과 같은 정치 지도자 개인에게 모든 권력, 권한, 권위 등을 몰아주어 그를 통해 공적·사회적 가치를 구현하고자 하는 인치(人治)의 한 형태이다. 정치인 개인에게 모든 권한, 가치 등을 몰아주었기에 여기서는 공(公)과 사(私)가 구별되지 않고 정치인 안에 혼재된 채로 존재한다. 정치 지도자를 뒷받침해주는 강력한 대중운동과 결합되어 의회, 시민단체 등의 중간적 집단들의 자율적인 영역을 최소화하는 경향이 있다. 본래적인 의미의 근대정치가 인치의 영역, 정치인의 자의가 표출될 수 있는 영역을 최소화하는 것을 목표로 하는 것과 달리, 전제주의는 자의적인 영역을 최대한으로 확장하는 것을 목표로 하기에 궁극적으로 시민사회의 여러 규제에서 벗어나 근대국가의 자율성을 확보하고자 한다.

전체국가

독일의 법학자 카를 슈미트가 근대사회에서 나타나는 공사 구별, 정치와 경제의 분리에 대응하여 대안으로 내세웠던 새로운 국가 형태를 의미한다. 슈미트는 공사 분리에 따라 개인의 사적 영역이 확보되는 것을 문제시하였는데, 그로 인해 '내면의 자유'를 확보하게 된 개인들이 국가의 정체성을 무너뜨리고 궁극적으로는 국가 자체를 분열·해체시킨다고 보았다. 시민사회가 의회를 통로로 하여 국가에 침투함으로써 근대국가가 약화되었다고 파악하였기에 국가를 보다 강력하게 조직하여 이에 대응하고자 하였다. 그리고 정치사회와 시민사회의 관계에서 정치사회의 우위를 관철시키는 방식으로 국가가 사회를 흡수하여 사회를 일원화하고자 했다. 이 책에서는 국가가 사회를 흡수하고자 하는 시도가, 결과적으로 사회가 분열되어 있었기에 국가 자체도 분열되게 한 것으로 본다.

파시즘(Fascism)

대중이 국가의 추동하는 움직임으로 슈미트의 '전체국가' 개념과 연결하여 파악해야 한다. 국가가 사회를 흡수하여 일원화된 질서를 주조하고자 하였지만, 역설적이게도 사회 자체의 분열이 국가 내에서 재현되는 바람에 국가 자체가 분열되게 되었다. 이때 대중들은 자신이 속한 사회(국가) 영역에서 자율성을 추구하며 놀라울 정도의 역동성을 보여주게 되는데, 역설적이게도 그로 인해 국가의 해체가 가속화된다.

중견국가

중견국가란 위계적으로는 국제체제 내에서 군사력, 경제력, 인구 규모 등 국력의 위치가 일정 수준 이상이면서 기능적으로는 지정학적으로 강대국들 사이 또는 지정학적 요충지에 위치하고, 규범적으로는 국제법 및 국제규범 준수와 현행 국제질서 유지에 동참하는 입장을 취하고, 마지막으로 행태적으로는 국제분쟁에 타협적이며 다자주의적 해결을 추구하는 국가를 의미한다. 한국, 튀르키예 등이 중견국가로 분류된다.

중추국가

강대국 간 분쟁의 중심에서 정치적 대상이 된 지역을 의미하는 단어로 해퍼드 매킨더가 만들었다. 세계가 강대국들 간의 세력권 형성과정에서 분열된다고 할 때 중추국가는 이들 강대국의 세계전략과 긴밀하게 연결되어 특정한 지리적·전략적 의미를 지니게 된 국가들을 지칭한다. 미국, 러시아, 중국 등의 강대국들이 유라시아를 놓고 벌이는 지정학적 분쟁에서 일정한 인구, 경제력, 군사력 등을 갖고 있을 뿐만 아니라 지정학적인 가치까지 갖고 있어 영향력을 행사할 수 있는 국가들로 한국, 우크라이나, 튀르키예, 이란 등이 해당한다.

들어가며

　이 책은 '전제주의(專制主義, despotism)'라는 개념으로 윤석열 정부를 분석한 글들을 모은 일종의 정치비평서다. 그때그때의 구체적 사안들을 다룬다는 점에서 정치비평서는 상황 구속성에서 벗어날 수 없는 운명에 처해 있다. 이 책 또한 마찬가지다. 주로 윤석열 정부 초기의 정치상황에 비평이 집중되어 있다는 점에서 '이미' 낡아 보일지도 모른다. 하지만 특정 정세를 다루면서도 구조적 특질을 최대한 드러내는 방향으로 서술하였기에 전체 논지를 제시하는 데는 무리가 없다.

　이 책은 무엇을 말하고자 하는가. 한마디로 말해 지금의 한국사회는 '전제주의'에 사로잡혀 있다는 것이다. 그 때문에 1948년 대한민국 정부가 수립된 이래 80여 년의 자본주의화 끝에 선진자본

주의 단계에 도달한 상황인데도 사회, 문화, 경제, 심지어 정치에
이르기까지 거의 모든 영역에서 한국사회가 과연 진정한 의미의
근대사회에 해당하는지 회의를 품게 된다. 한국에서 정치는 무엇
보다도 대통령 '개인'을 중심으로 운영된다. 본래적인 근대정치의
주체는 각종 시민단체, 정당 등의 '사적 결사체'건만, 한국에서는
오히려 사적 결사체들이 스스로를 낮추어 대통령을 뒷받침하는 역
할을 하고 있다. 예컨대 대통령이 정당의 가치를 실현하는 도구 역
할을 하는 게 아니라 반대로 정당이 대통령의 의지를 실현하는 도
구로 기능하고 있는 것이다.

이와 같은 전도(顚倒)는 굉장히 특이한 현상이다. 선진자본주의
단계에 도달한 상황에서도 여전히 정치는 '인치(人治)'를 벗어나지
못하고 있다. 다소 과격하게 표현하면 정당, 국가 등의 공적 기구
와 사적 개인인 대통령이 구별되지 않는다는 점에서 엄밀한 의미
의 공공성, 국가의식 등이 한국인에게 과연 존재하는지 의문스러
울 정도이다. 공사(公私) 구별이 제대로 이루어지지 않는다는 의미
에서 한국사회는 그 자신이 헤쳐 나왔던 '아시아적 특질'이 발현되
는 세계로 돌아가고 있는지도 모른다는 게 이 책에서 말하는 근본
적인 문제의식이다. 기존의 마르크스주의적 용어인 계급, 계급투
쟁 등으로는 이러한 현상을 분석할 수 없다. 다시금 발현되고 있는
아시아적 특질을 정확하게 인식하고 그것을 넘어설 계기를 모색하
자는 것이 이 책이 제안하는 바이다.

근대와는 이질적인 '전제주의'

앞서 이야기한 것처럼 이 책은 민주화 이후 한국 정치의 동학(動學)이 근대 일반의 그것과는 어딘가 이질적이라는 인식에서 출발했다. 그렇다면 이 책이 문제 삼고자 하는 '전제주의'란 무엇인가. 이 책에서 다루는 전제주의란 모든 공적(公的) 가치가 대통령과 같은 '정치 지도자 개인'으로 환원되어 표출되는 현상을 가리킨다. 모든 공적 가치가 다양한 제도적 장치들로 분화되어 나타나기보다 정치인 개인으로 소급되거나 환원되어 나타나는 방식의 정치가 행해지는 것이다.

본래적인 의미의 근대사회에서 사(私)의 주체는 개개의 시민들이어야 한다. 공(公)은 사(私)의 종합으로서만 끊임없이 반복해서 재구성되며, 그 재구성 과정을 우리는 정치라 부른다. 그런데 한국 사회에서는 공의 주체도 사의 주체도 모두 대통령이라는 특정 정치인으로 환원되어 나타난다. 공적 주체와 사적 주체가 시민단체, 정당 등의 다양한 사적 결사체와 제도로 분화되어 존재하는 게 아니라 대통령의 '육체'에 혼재되어 나타나는 것이다. 시민사회 대표자들이 활동하기는 하지만, 자신의 사적 이해관계를 공적 가치로 승화시키는 '보편화'의 계기를 갖지 못하고 오직 대통령이라는 특정 정치인과의 관계 속에서, 더 정확하게는 그와의 '일체화' 속에서 자신들의 사적 이해관계를 공적 영역에 반영시킬 수 있다. 우리 모두는 대통령에게 매달려 있는, 매달려야지만 살 수 있는 존재다. 이런 점에서 한국 정치가 추구하는 공적 가치의 발현은 근대 일반의 그것과는 이질적일 뿐만 아니라 심지어 전(前)근대도 아닌 반(反)근대에 가까워 보이기까지 한다.

본래적인 의미의 근대사회는 게오르크 헤겔과 그 뒤를 이어 카를 마르크스가 지적하였듯이 '분업의 원리'를 기초로 하여 성립한다. 사회가 발전할수록 전문화되고 세분화되는 건 그것이 분업의 원리에 기초하여 조직되었기 때문이다. 정치에서도 마찬가지다. 19세기 독일철학을 종합한 철학자 헤겔은 그의 주저 『법철학강요』에서 근대사회에 가장 적합하고 이성적으로 파악될 수 있는 정체(政體)로 '입헌군주정'을 꼽았다. 이 나라의 부박한 보수우파들은 자유민주주의, 즉 민주적 공화정이 자본제에 가장 적합한 정치질서라 주장하지만 마르크스뿐만 아니라 헤겔에게도 실상 공화정은 사회주의 정치체제였다. 마르크스는 일평생 공화주의자로 살았으며, 그가 마지막에 도달한 대안적 체제 또한 사회적 공화정이라는 공화정의 형식을 취하고 있었다. 반대로 헤겔은 공화정이 아니라 군주정, 그것도 입헌군주정이 인류가 역사발전의 끝에 도달하게 된 진정으로 합리적인 형식의 정치체제라 보았다.

군주정을 가장 합리적인 정치질서로 보았을 뿐만 아니라 『법철학강요』 서문에서 자유주의적 입헌론을 주장하는 프리스(J. F. Fries)를 비판하는 바람에 헤겔은 줄곧 프로이센 전제군주정을 이론적으로 정당화했다는 오해를 받기도 했다. 그런데 실제 『법철학 강요』에서 헤겔이 묘사한 입헌군주는 그러한 편견과는 사뭇 다른 모습이다. 헤겔이 묘사한 입헌군주는 실상 아무런 권한이 없는 '도장 찍는 기계'와 같은 존재였다. 시민사회와 의회 등의 대의제기구를 거쳐 올라온 안건들에 대한 '최종' 결정권을 입헌군주에게 부여한다는 점에서 군주의 자의(恣意)를 보장해주는 것처럼 보이지만, 실상 군주의 자의란 아무래도 좋을 일이었다. 군주가 자기 앞에 놓인 사안을 어떻게 결정하든 상관없이 체제는 굴러가게 되어 있다.

왜 그런가. 시민사회와 대의제기구에서 수많은 논의를 거쳐 올라온 안건이라면 그것이 무엇이든 일정한 '합리성'을 갖고 있을 것이기 때문이다. 문제는 A라는 안건과 그것을 반대하는 ~A라는 안건 모두가 동일한 합리성을 지닌 것처럼 보일 때, 달리 표현하면 두 안건을 실행해보지 않고서는 옳은지 그른지 알 수 없을 때이다. 실행하든 하지 않든 모두 나름의 합리성을 지니고 있어 결정하기 어려울 때 입헌군주가 개입한다. 군주는 별다른 이유 없이, 심지어 오늘 날씨가 좋아서 A라는 안건을 택할 수도 있는데, 그가 결정을 내림으로써 멈춰 있던 체제가 다시금 움직이게 된다. 무엇이 되었든 결정이 내려진다는 사실 자체가 중요한 것이다. 이런 의미에서 입헌군주는 체제를 결정하는 계기로서 반드시 필요한 존재라 할 수 있다. 게다가 이 결정은 번복되지 않는데, 왕이라는 지위가 그의 결정을 권위 있는 결정으로 받아들이도록 하기 때문이다.

이처럼 입헌군주라는 존재는 최종적으로 사회가 원활하게 돌아갈 수 있도록 담보해주는 역할을 한다. 헤겔은 고대사회에서는 이 결정의 계기를 신탁과 같이 '인간사회 외부'에 두었다면, 근대사회에서는 입헌군주라는 '인간의 육체'에 두었다는 점에서 인류사의 발전 수준을 알 수 있다고 말한다. 달리 표현하자면, 이전에는 체제와 체제 외부에 신의 계시라는 형태의 계기를 만들어 거기에 의존하지 않을 수 없었다면, 근대사회에서는 체제가 온전히 체제의 논리에 의해 그 자신을 재생산하며 발전할 수 있다는 점에서 인간이 드디어 두 발을 땅에 딛고 스스로의 힘으로 걸어 나갈 수 있게 되었다.

이러한 헤겔의 주장은 앞서 말했던 바와 같이 근대 자본제 사회가 '분업의 원리'에 따라 조직되었다는 점을 전제로 할 때 비로소 합리성을 지닌다. 입헌군주는 군주로서 자신의 모든 권한을 사회에 넘겨주고 최후의 결정권만을 지니고 있다. 이미 실질적인 권한은 시민사회 내에 존재하는 다양한 사적 결사체와, 그들의 사적 의지를 종합하여 하나의 공적이면서도 보편적인 의지로 재조직하는 상하원 양원제의 대의제 시스템으로 넘어갔다. 개인→가족→사적 결사체들의 시민사회→상하원 양원제→입헌군주에 이르는 여러 '매개' 고리들을 거쳐 개인의 사적 의지가 공동체 전체의 공적 의지와 일체화된다.

입헌군주가 어떤 결정을 내리든 사회 전체 차원에서 볼 때 합리성을 획득하게 되는 이유는 결정 이전에 '분업의 원리'에 따라 다양한 정책, 의견 등이 합리성을 획득하는 과정을 거쳤기 때문이다. 그 결과 근대사회에서는 전근대 사회에서와 달리 정치의 역할이 최소화되게 된다. 근대국가 자체가 일종의 '자동화된 기계'로서 시민사회의 다양한 의견, 욕구 등을 수렴하여 공적인 정치기구에 반영하기 때문에, 시민들은 각자 여러 사적 결사체에 속해 있는 한 개인으로서 딱히 정치에 관심을 가질 필요가 없다. 그런 의미에서 헤겔은 근대사회가 발전하면 할수록 선거제도가 점차 무용(無用)해진다고까지 말한다.

근대사회에서 정치인은 입헌군주와 같은 존재가 되어야 한다. 아니, 그런 방향으로 나아갈 수밖에 없다고 헤겔은 주장한다. 자동화된 기계로서 근대국가 체제가 '알아서' 움직이며 근대인의 생활세계에서 일어나는 여러 문제들을 해결하고 특정한 정치적 의제로 끌어올릴 때, 정치인들이 하는 일이란 그것의 최종 결정자로서 권위 있는 결정을 내려 사회적 갈등을 종결시키고 사회가 계속해서 나아갈 수 있게 하는 것이다. 그게 정치의 기본적인 역할이다.

하지만 한국사회에서는 정치가 사회적 갈등의 해소자가 아니라 도리어 갈등의 증폭자로 나타난다. 특히 정치인은 그 자체로 모든 사회적 의제나 문제를 대표하거나 해결할 수 있는 존재로 숭상받는다. 오늘날 한국사회에서 어떤 특정 진영을 지지한다는 말은 그 진영을 대표하는 정치 지도자의 '모든' 행위, 심지어 정치적 행위가 아닌 사생활에 속하는 행위까지도 전부 동의하거나 지지하며 정당화해야 한다는 걸 의미한다. 특정 정당을 지지하거나 정치적 입장을 지닌다는 말은 곧 그 정당의 대표자인 정치 지도자를 인간적으로 지지한다는 말과 다르지 않다. '나'라는 존재의 주체성이 나의 생활세계나 정치적 의사표현으로 드러나는 게 아니라 특정 정당을 대표하는 정치 지도자 개인이 행하는 모든 공적·사적 행위로 표현된다는 점에서 한국 정치는 근대 일반과 거리가 멀다. 시민사회 내에 존재하는 다양한 결사체, 정당 등의 제도적 기제는 여기서 작동하지 않는다. 그것들은 사실상 정당의 대표자인 정치 지도자를 '뒷받침하는' 하나의 보조적 수단에 지나지 않는다. 사적 결사체들이 스스로를 대표할 여지는 이런 환경에서 존재하지 않는다. 공적 가치가 정당, 결사체, 정치인 등의 다양한 사회적 기제로 분화되어, 하나의 분업체계 속에서 스스로를 드러내지 못하고 오히려 정치인 개인의 신체로 환원된다는 점에서 한국사회에서는 근대사회를 구성하는 '분업의 원리'가 제대로 작동하지 않는다. 한국의 대통령은 그야말로 사회의 모든 영역에 개입할 수 있고 거기서 나타나는 모든 문제를 해결할 수 있는 '전지전능한' 존재라는 점에서, 최종적인 결정권 외에 아무런 권한도 지니지 못한 헤겔적 의미의 입헌군주와는 정반대 존재라 할 수 있다.

뜻이 같은 사람들이 공통의 목적을 이루기 위해 조직한 단체인 결사체가 스스로를 대표하지 못하고 외부의 개인에게 의탁해야 한다니 모순이 아닐 수 없다. 그런 모순 속에서 근대인으로 살아가기란 참으로 괴로운 일이다. 직업단체와 같은 결사체, 정당, 상하원 양원의 대의제기구 등의 근대국가 시스템 내에서 스스로를 표현할 수 없는 존재를 헤겔은 '존재하지 않는 자(Nobody)'라 불렀다. 한국 사회에서 무언가로 존재하기 위해서는 정치 지도자 개인의 지지자로 나타나야 한다는 것, 달리 표현하면 개개인이 하나의 공적 가치의 체현자이자 대표자로서 스스로를 드러낼 수 없고 언제나 사적 개인인 정치 지도자에게 의존해야 된다는 데 이 사회에서 살아가는 비애가 있다. 어떠한 정치적 성향을 가지고 있다는 사실만으로, 나는 하지도 않았는데 특정 정치인의 범죄 행위를 옹호했다며 파렴치한이라 비난받는 사회에서 어떻게 개인이 개인으로서, 나 자신으로서 존재할 수 있겠는가.

이처럼 한국사회에서 정치는 모든 공적 가치가 사적 존재인 정치인의 신체로 환원되어 표출되는 과정을 거쳐서 나타나는데, 이 책에서는 이러한 현상을 '전제주의'라 지칭하고자 한다.

전제주의와 대중의 '소용돌이의 정치'

그런데 이 전제주의는 단순히 정치인의 의지만으로 나타나는 현상이 아니라 일정한 지지기반을 필요로 한다. 바로 '대중'의 형태로 나타나는 '원자화된 개인'이다. 앞에서 언급했듯이, 헤겔은 근대국가 시스템에 포섭되지 못한 개인들이 '존재하지 않는 자(no-body)'로 존재한다고 했다. 헤겔에게 개인이란 그 자체로 존재할 수 없고, 근대국가 시스템과 상호의존적 관계를 맺는 존재이다. 개인이 개인으로서 존재하는 건 사회 속에서만 가능하다. 이처럼 입헌군주를 정점으로 하는 근대국가 시스템 내에 포섭되지 못한 채 그 바깥에 놓여 있는 인간, 자신의 활동이나 노동의 결과로 얻게 되는 권리와 자존(自尊)을 상실한 채 살아가는 인간을 헤겔은 '천민(賤民, Pöbel)'이라 부른다. 헤겔은 특히 사회경제적 불평등이 증대되는 과정에서 개인이 빈곤과 결부된 마음의 태도, 즉 부자나 사회, 정부 등에 내적 분노나 반항심을 갖게 되면서 천민이 된다고 지적한다. 빈곤 자체가 천민을 만들지는 않지만 시민이 천민화되는 계기를 제공한다. 이 천민들이야말로 근대국가를 위협하는 존재이므로 시급히 제거되어야 하지만, 헤겔 스스로가 인정하듯이 근대 자본제 사회에서 '빈곤화된' 천민의 존재는 체제 자체가 만들어내는 하나의 모순이기에 완전히 제거될 수 없다.

마르크스에게 이 천민, 달리 표현하면 사회적 체계 속에 포섭되지 못한 '원자화된 개인'은 근대국가 시스템이 지닌 모순을 극명하게 드러내는 존재로 이해된다. 근대국가는 시민사회에서 올라오는 여러 이해관계, 욕구 등을 있는 그대로 받아들이는 게 아니라 일부분만을 근대국가가 수용할 수 있는 수준으로 축소시킨 다음에 받아들인다. 이 과정에서 자신의 정치적 의사를 체제 내에 반영시키지 못한 채 '걸러진' 이들이 체제를 향한 내적 분노나 반항심 같은 태도를 지니며 천민이 되는 것이다. 이 원자화된 개인이자 천민인 개인들이 일종의 정치적 소용돌이, 정치적 선풍(旋風)을 일으키며 근대국가로 돌진해갈 때 근대국가 자체가 전복될 위험에 빠지게 된다.

한국의 전제주의는 이 원자화된 개인이 만들어낸 정치적 선풍이 '소용돌이의 정치'라는 특정한 방식으로 나타난다는 점에 그 특질이 있다.✦ 대중집단이 중앙을 향해 돌진하는 정치적 소용돌이 바람을 일으키며 모든 사회적 의제들을 빨아들여 중앙으로 수렴시키는 현상이 반복해서 나타난다. 이 정치적 소용돌이의 최종 목표는 자신들이 지지하는 정치인이 그 바람을 타고 대통령이라는 가장 높은 지위에 오를 수 있게 돕는 것이다. 어떠한 사회적 의제든 한번 이 소용돌이 바람을 타기만 하면 대통령을 교체할 수 있는 의제로 확장된다.

예컨대 박근혜 전 대통령 탄핵운동은 전혀 상관없어 보이는 이화여대의 '미래라이프대학 설립 반대 운동'과 얽히면서 폭발력을 지니게 되었다. 이화여대가 평생교육단과대학인 미래라이프대학

✦ '소용돌이의 정치'라는 표현은 그레고리 핸더슨, 『소용돌이의 한국정치』, 이종삼 외 역, 한울, 2013의 영향을 받았다.

설립을 시도하자, 학생들은 학생들의 의견을 수렴하지 않은 채 사업을 진행하면 안 된다고 최경희 당시 이화여대 총장의 사퇴를 요구하며 반대시위를 시작하였다. 최경희 총장은 경찰 측에 요청하여 무려 1,600여 명의 경찰인력을 동원해 학내 반대시위를 진압하려 하였다. 그런데 이와는 별개의 사건이던 최순실 게이트에서 최 씨의 딸 정유라가 이대에 부정입학을 하고 학사 특혜를 받았다는 의혹을 받으며 최경희 총장 퇴진 운동은 박근혜 대통령 탄핵운동으로 전환되기 시작하였다. 결과는 모두가 알듯이 최경희 총장의 사퇴뿐만 아니라 박근혜 대통령까지도 탄핵당하는 것이었다. 이화여대 내부의 문제가 정치적 의제와 결합하면서 대통령 탄핵이라는 헌정사상 초유의 사태로까지 발전할 수 있는 폭발력을 갖게 된 것이다.

원자화된 개인들이 만들어내는 소용돌이의 정치를 매개로 하여 어떠한 사회적 의제도 곧바로 정치적 의제로, 사회 전체가 참여해야 할 공적 의제로 뒤바뀌게 된다. 최근 일어난 동덕여대 사태를 보면 그 본질은 대학의 공학전환에 대한 학내 구성원들의 반발이라는 지극히 사적인 문제인데도 불구하고, 이준석이나 장혜영 등의 정치인들이 개입하며 온갖 사람들을 빨아들이는 정치적 의제로 확대되었다. 공적인 의제들이 사적인 정치인을 통해 표출되는데 반해, 사적인 의제들은 온갖 사회계층을 빨아들이며 몸집을 키워 순식간에 공적 의제로 비약하는 일이 반복되고 있다. 대중집단의 소용돌이의 정치가 가져온 폐해라 하지 않을 수 없다.

　대중들의 '소용돌이의 정치'는 여기서 그치지 않는다. 대중들은 모든 공적 가치가 자신이 '동일시'하는 정치 지도자를 통해 나타날 수 있도록 그의 모든 언행을 뒷받침하려고 적극적으로 노력한다. 체계에서 배제되어 분화되지 못한 원자화된 개인들이, 마찬가지로 다양한 사회적 기제들로 분화되지 못한 정치인과 스스로를 동일시하며 강력하게 결합함으로써 자신을 배제한 근대국가 시스템 속으로 밀고 들어가는 '소용돌이'를 만들어내는 것이다. 이와 같은 주장은 헤겔과 마르크스가 상정한 특정한 인간형을 전제로 한다. 그에 따르면, 인간이란 그저 경제적 욕구의 충족만으로 살아가는 존재가 아니라 자기 삶의 의미를 공동체 속에서 확인하고자 하는, 인정욕구를 지닌 존재이다. 근대국가 시스템에서 배제되어 인정욕구가 충족되지 못한 원자화된 개인들이 대통령과 같은 특정 정치인을 통해 체제에 자신의 의지, 인정욕구 등을 반영시켜 삶의 의미를 획득하고자 하는 그 단순한 욕망이 이토록 강렬하고도 거대한 정치적 소용돌이를 만들어내는 것이다.

　원자화된 개인들의 소용돌이가 특정 정치인을 향한 광적인 지지로 나타나는 건 그들의 실존적 차원에서 해명되어야 하는 문제이다. 물론 특정 정치인을 앞세워 그에 대한 지지를 통해 자신의 정치적 의지를 체제 내에 반영시키고자 하는 움직임은 어느 사회에서나 나타나는 현상이지만, 전제주의의 특질은 충분히 분화가 가능한데도 불구하고 그러한 분화를 막고 공적 가치가 오직 특정한 정치인을 통해서만 표출될 수 있도록 제한한다는 데 있다. 예를 들어 박근혜 정부 이래로 가장 놀랍게 생각되는 부분은 대중집단이 국회의원들에게 거의 린치에 가까운 언어폭력과 집단행동을 가한다는 점이다. 국회의원 개개인은 인민의 대표자로서 대통령과 거의 동격의 지위를 지닌 헌법기관이다. 대중집단은 그런 국회의원들을 사실상 겁박하여 대통령에게 충성하는지 끊임없이 검열하고 감시했으며, 심지어 대통령에 대한 충성맹세를 강제하려고까지 하였다.

대통령은 한 명이지만 국회의원은 수백 명이다. 국회의원 한 명한 명은 공적 영역에 반영되어야 할 사(私)를 대표한다. 다시 말해서 의회정치 활성화는 그만큼 사회적 다양성이 더 많이 대표된다는 것을 의미한다. 비록 지역구를 통해 선출되지만 국회의원 개개인은 반드시 지역구민의 이해관계만을 대표하는 게 아니라 사회적으로 대표되어야 할 여러 집단, 가치 등을 대표하는 역할을 한다. 이런 맥락에서 행정부 수반인 대통령과 입법부를 대표하는 의원들의 관계에서 후자가 우위를 차지하는 건 일반적인 근대사회에서는 당연한 일이다. 대통령은 기껏해야 그들을 종합하여 입법부의 의지를 '집행'하는 존재에 지나지 않는다.

한국 대통령제의 원형인 미국 대통령제는 이 과정에서 나타날 수 있는 입법부의 '폭주'를 제한하기 위해 사법부와 대통령에 입법부를 견제할 수 있는 여러 권한들을 부여했다. 그런데 한국의 전제주의는 이와는 반대로 대중집단이 입법부를 압박하여 입법부가 대통령의 의지를 받들어 집행하는 역할을 수행하고 있으니, 마치 국왕이 교지를 내리면 신하들이 받드는 모양새와 같다. 김무성 전 대표가 '옥새'를 들고 도망쳐서 부산 영도대교에서 사진이나 찍고 있는 모습은 누가 봐도 당대표와 대통령의 관계가 아니라 불충한 신하와 그를 타박하는 전제군주의 그것이었다. 정상적으로 선출된 원내대표 유승민이 박근혜 전 대통령이 '배신의 정치' 운운하자 곧바로 직에서 쫓겨나 끝내 탈당하지 않을 수 없는 상황까지 내몰리는 걸 보면, 정상적인 근대사회라기보다는 아직도 전제군주와 그 측근들의 궁중암투 같은 정치가 이뤄지고 있다고 볼 수밖에 없다. 윤석열 정부에서도 이준석 전 당대표의 교체과정을 보면 그와 같은 일이 여전히 진행되고 있음을 확인할 수 있다. 이런 현상은 모두 정당이 정치의 중심이 아니라 대통령이 정치의 중심이 되었기에 가능한 일이다.

문재인 정부가 집권하였을 때, 한국사회에서도 자유주의적 정치세력이 집권하게 되었으니 이러한 현상이 사라질 것으로 기대한 사람들이 많았다. 하지만 모두가 알고 있듯이 역사는 그렇게 흘러가지 않았다. 이미 대중집단은 하나의 주요한 정치세력으로서 적극적으로 대통령을 위해 움직이고 있었고, 이러한 경향은 윤석열 정부에서까지 관찰된다. 일종의 시대적 흐름이었던 것이다. 기존의 마르크스주의 문법으로는 이 현상을 설명할 수 없다. 촛불시위, 서초동시위 등과 같은 자발적인 대중운동의 흐름에서 '계급투쟁' 을 읽어내는 것만큼 시대착오적인 일도 없을 것이다. 또한 촛불시위 같은 대중의 집단적 행동을 긍정적으로 평가하거나 찬양하는 일부 진보 지식인들 또한 사태를 오인하고 있을 뿐이다.

이와 같은 오인은 전제주의적 흐름을 견제할 수 있는 유일한 힘인 다양한 '사적 자치' 영역이 작동하지 못하게 만드는 원인이 되기도 한다. 전문성을 지닌 전문가집단이 그들 나름대로 사적 결사체를 결성하고 운영하면서 해당 영역에서 통용될 수 있는 규범과 권위 등을 형성할 때 사적 자치가 제대로 이뤄질 수 있다. 국가조차도 함부로 그러한 영역에 개입하지 못하고 이들의 사적 자치 영역을 존중할 때 비로소 그 결사체가 '공동체'를 이뤘다고 할 수 있을 것이다. 개인과 국가 사이에 이처럼 사적 자치의 주체가 되는 공동체가 더 많이 존재할수록 사회문제가 발생할 때 국가가 동원할 수 있는 사회적 역량이 커진다고 할 수 있다. 국가의 역량이 아무리 크더라도 모든 사회적 영역에서 전문적인 식견을 지니거나, 관습이나 규범, 권위 등에 의해 운영되는 시민사회의 역량을 뛰어넘기는 어려울 것이기 때문이다.

그런데 한국사회에서는 사적 자치 영역에서 활동하는 전문가들이 자신의 정치적 지지 성향에 따라 오히려 다른 전문가들을 기득권이라 매도하는 등 공동체의 권위를 무너뜨리는 일을 반복해왔다. 4대강 사업에서 시작하여 소위 말해 '어용지식인'이라 비난받았던 많은 이들이 그러한 행태를 보여왔고, 이제는 진보진영에서조차 어용지식인이라는 딱지를 지식인에게 내리는 '사형선고'가 아니라 오히려 자랑할 만한 '간판'으로 여긴다. 자신이 속한 전문 영역에서는 누구보다도 섬세하고 조심스럽게 접근하던 이들이 다른 분야의 전문가들에게는 손쉽게 '개혁에 저항하는 기득권' 운운하는 모습을 인터넷방송에서 곧잘 볼 수 있다. 이래서는 사적 자치 영역이 확립되기 어렵다. 개인들이 속할 수 있고 자신의 의지를 발현할 수 있는 다양한 사적 자치 영역이 협소하다는 말은 개인이나 국가 모두가 분화되지 못한다는 것을 의미한다. 전제주의는 이처럼 시민사회 내에서 분화되지 못한 개인들이 대통령과 같은 정치인을 통해 자신의 인정욕구를 체제 내에 반영시키고자 하는 과정에서 재생산된다.

이처럼 분화되지 못한 정치인과 원자화된 개인들이 강력하게 결합하여 전제주의라는 흐름을 만들어내고, 그 흐름이 사회 내의 사적 자치 영역들을 파괴하고 있다. 사적 자치의 주체로서 전제주의를 견제해야 할 전문가집단조차 오히려 앞장서서 자신들의 기반을 무너뜨리는 상황에서 이득을 보는 건 국가 관료제밖에 없다. 사적 자치의 영역이라는 장애물이 존재하지 않기에 국가 관료제는 사회의 모든 영역에 언제든지 개입할 수 있게 된다. 이를 보여주는 대표적인 혼란상이 일본의 오염수 방류에 대한 '국민의힘'

(이하 국힘당)과 '더불어민주당'(이하 민주당)의 입장변화였다. 국힘당과 민주당은 자신들의 여당인지 야당인지에 따라 일본의 오염수 방류에 대한 입장을 바꾸었고, 개별 의원들은 그때마다 어째서 입장이 급변했는지 설명해야 하는 촌극을 연출하였다. 하지만 우리가 주목할 지점은 그런 게 아니다. 국힘당이 집권했든 민주당이 집권했든 변하지 않는 건 일본의 오염수 방류를 막을 수 없다는 대한민국 정부의 입장이었다. 개별 정당들의 입장이 어떻든 상관없이 집권하는 순간부터 정부는 국가 관료제의 논리를 추종하였다.

여기서 우리는 하나의 진리와 마주하게 된다. 한국에서는 정당이 국가기구를 활용해 자신들이 원하는 방향으로 사회를 바꿔 나가는 게 아니라, 반대로 국가가 정당을 수단으로 하여 자신의 행위를 '정당화'한다. 정권이 교체되면 이전 정부의 모든 정책들을 뒤엎는 등 정책 변동성이 커지는 것처럼 보이지만, 다른 한편에서는 사회에 대한 국가의 자율성이 계속해서 재생산되고 있었던 것이다. 모든 사회적 의제, 공적 가치 등이 국가 관료제로, 그리고 궁극적으로 행정부의 수반인 대통령에게로 환원되는 과정에서 국가의 자율성만 커지고 있었다. 정권 교체란 국가가 사회의 모든 영역에 자의적으로 개입할 수 있도록 국가가 포괄하는 영역을 넓혀주는 기제에 지나지 않는다.

이상의 논의를 통해 전제주의 산출 조건이 얼마나 강력하게 작동하고 있는지를 보여주는 대표적인 사례로 윤석열 정부를 이해할 수 있다. 당내에 별다른 세력 기반도 없을 뿐더러, 심지어 대중적 지지조차 전임 정부들에 비해 그렇게 높은 편이 아닌데도 불구하고 어느 누구도 윤석열 대통령과 관료제를 통제하거나 견제하지 못한다. 심지어 입법부의 다수당을 차지하고 있는 야당이 온갖 견제를 하려고 시도해도 거부권 한 번에 속수무책으로 당하고 마는 게 현 상황이다. 전임 지도자들이 어느 정도 '정치문법'을 존중하여 하지 않았던 행동들도 거침없이 하는 걸 보고 있노라면, 1987년의 민주화가 지닌 의미는 사실상 선거를 통해 군주를 선출할 권리를 획득한 것에 지나지 않는다는 점을 확인할 수 있다.

대통령과 관료제, 그리고 그를 뒷받침하는 20~30% 정도의 낮은 지지율만으로도 근대국가 시스템이 충분히 작동할 수 있다는 점에서 한국 근대국가 시스템은 매우 협소한 사회적 토대 위에 위태롭게 서 있다. 그 외부에 있는 '원자화된 개인'들이 약간의 계기만으로도 얼마든지 소용돌이의 정치를 일으켜 한국의 근대국가를 송두리째 전복할 수도 있다. 지금까지 그러한 일이 잘 일어나지 않았던 건 시민사회가 여러 개의 소용돌이로 나눠져 있었을 뿐만 아니라 그 소용돌이끼리 충돌하여 근대국가 시스템 자체를 위협하지는 않았기 때문이었다. 박근혜 전 대통령 탄핵과 같은 극히 일부의 사례를 제외하면 그러한 일은 일어나지 않았다.

대중적 지지가 거의 없는 윤석열 정부는 대중운동이 만들어내는 '소용돌이의 정치'에 가려져 잘 보이지 않았던 한국 근대국가의 앙상한 모습을 적나라하게 보여주고 있다. 이 협소한 자율성을 지닌 근대국가가 자신을 뒷받침해주는 소용돌이를 위해 하지 않았던, 기존의 정치문법에 따라 하지 않았던 일들을 어디까지 할 수 있는지를 윤석열 정부는 매일매일 우리 눈앞에 보여주고 있다. 그렇게 하는데도 아무도 이 정부를 견제하지 못한다. 180석이 넘는 거대 야당조차 그저 방관자로 지켜보기만 할 뿐이다.

한국의 협소한 근대국가 시스템에서 배제된 이들은 언제든지 소용돌이의 정치에 몸을 내던질 준비가 되어 있다. 전제주의 사회에서 민주주의는 사실상 이 소용돌이에 어느 누구를 태워 올려 보낸 뒤에 다시 추락시킬지를 결정하는 과정에 지나지 않는다. 이 과정이 반복될수록 대통령에게는 더 많은 권한, 더 많은 가치, 더 많은 욕구, 더 많은 의지가 집약되는데 반해, 개인들이 자신의 의지를 합리적으로 체제에 반영시킬 여지는 점점 더 줄어든다.

왜 하필 '전제주의'라 하는가? : 전제주의의 역사적 기원

이상의 논의에서 현재 한국사회를 포획하고 있는 전제주의적 흐름이 근대 일반의 전개방향과 얼마나 '이질적'인지 확인할 수 있었다. 한국사회는 근대 일반의 진행방향과는 이질적인 전제주

의로 회귀하고 있다는 게 이 책의 주요한 논지다. 여기서 '회귀'
란 무엇을 의미하는가. 바로 조선후기 전제국가적 질서로 회귀함
을 의미한다. 본문에서는 전근대사로 논의를 확장하지 않기에, 이
하의 서술에서 전제주의의 역사적 전개와 현대적 재현을 역사화
해볼 것이다.

　일찍이 마르크스와 엥겔스는 아시아적 전제국가를 이론화하면
서 그 주요한 특질로 '공사(公私)' 구별이 제대로 이뤄지지 않는다
는 점을 꼽았다. 그에 따르면, 아시아적 사회에서 전제군주는 한
편으로는 국가의 공적 기구를 대표하는 '공적 주체'의 성격을 지
니고 있었다. 동시에 다른 한편으로는 왕실 구성원을 대표하는 가
장(家長)이라는 '사적 주체'의 성격 또한 지니고 있었다. 이 지점에
서 전제군주의 신체에 공적인 대표자로서의 성격과 사적인 왕실
대표자로서의 성격이 혼재되어 존재하였다. 그런 의미에서 아시아
적 사회에서는 공사 구별이 제대로 이뤄지지 않고 혼재된 채 존재
한다고 지적한 것이다. 전제주의(專制主義)란 이 아시아적 '전제(專
制)'를 현대 자본제 사회 내에 재현하려는 일련의 흐름을 일컫는다.

　아시아적 사회의 역사발전 수준이란 사실상 공사 구별이 제대
로 이뤄지지 않는 상황에서 전제군주의 사적인 성격을 사회가 얼
마만큼 제한하여 그에게 공적인 성격을 강제할 수 있는가에 달려
있었다. 일례로 고려왕조에서 조선왕조로의 이행은 왕실 구성원의
범주를 양계제에서 부계제 위주로 재편하여 축소시켰다는 데서 역

사적 의의를 찾을 수 있다. 신명호의 고전적인 연구[*]에 따르면, 고려왕조는 고려 말기 취약해진 왕실을 보호하기 위해 국왕이 유력가문들과 혼인관계를 맺거나 왕실 구성원으로 인정하는 봉군(封君) 정책을 펼쳐 왕실 규모를 확대해 나갔는데, 그것이 결과적으로 국가재정에 큰 부담을 주어 나라를 도탄에 빠뜨렸다. 조선왕조의 건국세력은 성리학적 건국이념을 바탕으로 하여 이러한 고려왕조의 폐단을 시정하고자 왕실 범위를 축소하였다. 전제군주의 사적 성격에 제한을 가하고자 했던 것이다.

조선왕조는 고려왕조의 양계제적 왕실족내혼(王室族內婚)을 폐지하고 부계제적 이성혼(異姓婚)을 도입하여 친족구조를 부계제로 재편하는 제도 개혁을 꾀했다. 그 결과 왕족구성원들은 크게 세 범주에 속하게 되었다. 먼저 국가적 예우를 받으면서 통제를 받던 최대범위 친족집단인 왕친(王親) 집단이 있고, 다음으로 왕비의 친족들인 외척(外戚) 집단, 마지막으로 왕친과 외척을 포괄하는 의친(議親)이라 불리던 왕실 구성원의 '한계' 범주가 있었다. 이들 종친들을 예우하는 기구로 돈녕부와 종친부를 설립하여 이전의 고려왕실을 부양하던 여러 기구들을 폐지하였을 뿐만 아니라, 종친록 등과 같은 왕실 족보의 편찬도 병행하였다.

✦   신명호, 『朝鮮初期 王室編制에 관한 硏究』, 한국학중앙연구원 박사학위논문, 1999.

군주의 사적 성격을 제한하려는 사대부와 관료들의 개혁정치는 연산군으로 대표되는, 국왕의 정치적 위신을 쇄신하고 왕실을 황실(皇室)로 승격하려는 국왕 측의 반발과 상호작용하며 전개되었다. 연산군이 불러온 가장 큰 정치적 폐해는 왕실 재정과 국가 재정의 구별을 형해화했다는 데 있다.✦ 왕실 구성원의 사적 욕구를 충족시켜주기 위한 왕실 재정과, 국가 관료제의 공적 기능을 수행하기 위해 필요한 정부 재정이 통합되어 존재하는 현상은 대한제국 이후에 오히려 더욱 강화되었다. 연산군을 비롯한 조선국왕들은 자신들의 정치적 위신을 세우기 위해 국가재정을 마구 끌어다 썼다. 국가는 사실상 이들의 사유재산에 지나지 않았고, 그런 의미에서 조선왕조는 막스 베버적 의미의 '가산제(家産制, Patrimonialism) 국가'였다. 물론 그럼에도 불구하고 조선왕조의 전제군주들은 사적인 왕실의 이해와 공적인 국가기능 사이에서 적절한 균형을 구현하려 노력하였다.

조선후기에 왕실의 직계 적장자가 아닌 방계자손이 왕위를 잇는 사례가 빈발하며 국왕의 정통성이 위협받게 되면서 국왕의 '황제화' 시도는 더욱 고집스럽게 전개되었다. 국왕은 자신의 정통성을 확립하기 위해 왕실구성원들의 범주를 새로이 규정할 필요성을

✦ 김범, 『연산군』, 글항아리, 2010.

느꼈으며, 그에 따라 씨족의 계통과 혈연관계를 부계 위주로 정리한 『선원계보기략』, 『돈녕보첩』 등의 보첩(譜牒)류 저작들을 새로이 간행하기도 하였다. 국왕이 왕실의 대표자로서 입장을 내세울 때마다 성리학적 이념에 충실한 신료들이 거세게 반발하였다. 대표적으로 조선왕조실록은 영조대에 있었던 궁방전과 관련된 일화를 보여준다. 궁방전(宮房田)은 왕실과 왕족의 생계와 제사 등의 비용을 충당하기 위해 소유권을 수여하거나 수조권을 지급한 토지로, 조선후기에 많은 문제를 야기하였다. 궁방의 권위와 위세를 빌려 백성들의 토지를 빼앗는 일이 대표적이었다. 이런 일은 궁극적으로 국왕의 권위에 의존해 행해지기에 결국 전제군주가 자신의 지반인 백성들을 무너뜨리는 모순을 만들어냈다. 탕평군주로 칭송받는 영조조차도 궁방전 문제로 신하들에게 다음과 같은 날카로운 비판을 받아야만 했다. "비록 궁가에서 했다 하더라도 궁가의 주인은 전하가 아닙니까?"✦

　이런 신하들의 날카로운 비판에 직면하여 조선왕조의 전제군주들은 스스로를 성리학적 예치시스템의 주체로 자리매김함으로써 공적인 통치기구 내에서의 지위를 변동시키는 방식으로 왕권을 강화하고자 하였다. 다시 말해서 공사 구별을 새롭게 규정함으

✦　『영조실록』 15권, 영조 4년 2월.

로써 그 균형점을 옮기고자 하였다. 국왕이 인민 전체를 대표하는 '공론정치(公論政治)'의 주체로서 공적 존재가 되는 대신, 왕실과 정부재정의 일체화 이념(宮府一體)에 따라 왕실사가를 공적으로 규제하는 동시에 국왕의 내탕금 또한 공적 재원으로 활용하는 등 적절한 균형점을 새로이 구현하고자 한 것이다.✦ 이를 통해 조선왕조의 탕평군주들은 왕실 구성원들을 적절하게 부양하면서 동시에 국가 관료제를 대표하는 공적 주체로서 자신의 권위를 새로이 자리매김할 수 있었다.

　하지만 이와 같은 시도는 이미 영정조대부터 균형을 상실해가고 있었다. 역설적이게도 신하들의 도전에 대응하여 스스로를 공적 주체로 자리매김하는 과정에서 국가를 자기 가문의 소유물로 인식하는 사례가 늘어났던 것이다. 대표적인 현상이 국가의례의 실행이었다. 고종 즉위 이후 흥선대원군은 『대전회통』, 『육전조례』 등의 다양한 법전을 정비하였을 뿐만 아니라 경복궁 재건, 종친부 확대 등을 통해 왕실의 권위와 세력을 확장하고자 노력하였는데, 그 결과 국가의례가 상시화되며 국가재정이 파탄 나게 되었다. 한 예로 1882년 고종은 당오전을 발행하였는데 그 규모가 상당하였다. 1882년 유통된 통화량이 2천만 냥이었는데 1893년

✦　송양섭, 「18세기 조선의 공공성과 민본이념 : 손상익하의 정치학, 그 이상과 현실』, 태학사, 2015.

까지 무려 5천만 냥으로 급증하였다. 심각한 수준의 인플레이션이 발생하며 민생경제가 파탄 나는 와중에 새로 발행된 화폐는 어디에 사용되었을까. 1892~1893년 명례궁의 수입을 분석한 연구에 따르면 대부분의 수입이 고사와 연회 비용으로 낭비되었다. 명성황후는 궁정에 신당을 짓고 무당들을 끌어들여 태자의 안녕을 비는 고사와 다례를 행하였는데, 1893년 한 해에만 무려 29회에 달했다.[✦]

이와 같은 일이 가능했던 건 왕실재정과 국가재정이 제대로 분리되지 않았기 때문이었다. 공사 구별이 제대로 이뤄지지 않았던 것이다. 고종은 영정조대를 자신의 롤모델로 삼았지만, 정작 영정조와 같이 공사의 균형점을 찾으려 하지는 않았다. 영정조는 왕실의례를 강화하기는 하였지만 왕실구성원을 부양하거나 왕실기구를 늘리지 않았다. 그에 반해 고종은 종친부를 극단적으로 강화하여 왕실의 권위를 황제에 가깝게 만들고자 했을 뿐만 아니라, 갑오개혁 당시 겨우 분리되었던 왕실재정과 정부재정을 다시금 왕실재정 속에 국가재정을 포함시키는 방향으로 통합해버림으로써 국가를 왕실의 사유재산으로 바꿔놓았다.[✦✦] 대한제국은 조선후기 진행되었던 국왕의 '황제화' 경향과 그 물적 토대인 '가산화(家産化)'의

✦   이영훈, 『한국경제사1』, 일조각, 2016, pp. 578~582.
✦✦ 이 논점에 관해서는 이태진 외, 『고종황제 역사 청문회』, 푸른역사, 2005를 참고하라.

귀결점이었던 것이다.✦

대한제국의 멸망은 전제군주의 신체로 환원되어 나타나던 공사(公私)의 부재상태가 최종적으로 해소된다는 것을 의미하였다. 이후의 역사적 전개는 1906년 통감부가 설치된 이래 1986년까지 이어진 군인 우위의 권위주의적 통치로, 모든 공적 영역을 군 출신 정치가와 그 지지세력이 독점하는 형태였다. 이처럼 대한제국의 멸망 과정에서 근대적 의미의 공사 구별이 출현하기는 했지만 대단히 폭력적인 군인통치로 귀결되었고, 그 군인통치 하에서 자본주의화가 진행되었다. 오랜 문치주의 전통을 지닌 한국사회에서 군인통치는 대단히 예외적인 현상이었다.✦✦ 한국의 근대화는 대의제 기구를 매개로 하여 시민들이 자기 의사를 체제 내에 반영할 수 있는 권리를 송두리째 박탈한 상태에서 진행되었다. 80년 동안 군사독재 체제가 진행되는 동안 민의가 '전혀' 반영되지 않았다고는 할 수 없겠지만, 설사 그랬다고 하더라도 군사적 폭력과 강제에 기초하고 있었으며 그만큼 그 기반은 협소하였다.

권위주의 체제에 대항하는 과정에서, 체제에서 배제된 '원자화된 개인'들이 만들어낸 '소용돌이의 정치'가 점점 더 거대한 규모

✦ 조선 후기의 정치사의 전개 방향을 '황제화'로 정리한 저작으로는 한국역사연구회 19세기정치사연구반, 『조선정치사 1800~1863』, 청년사, 1990를 참고하라.

✦✦ 이에 대해서는 카터 에커트 외, 『한국 근대화, 기적의 과정』, 조갑제닷컴, 2017의 제1편 2장 "5.16 군사혁명, 그 역사적 맥락"을 참고하라.

로 체제를 위협하게 되었다. 민의를 폭력적으로 억압하며 진행된 근대화의 결과 개항 이래 1백년간 무역적자를 보다가 1986년에 드디어 무역흑자로 전환되자, 더 이상 폭력적인 근대화를 감내할 이유도 없어졌다. 1987년 한국의 권위주의 체제는 거대한 소용돌이의 정치에 무너지며 민주주의로 이행하게 되었다. 억압적인 군인 통치는 사라졌을지 몰라도 협소한 한국 정치의 기반은 여전히 그대로 남아 있어 소용돌이의 정치는 오히려 민주화 이후에 더 거대한 규모로, 반복적으로 체제를 위협하게 되었다. 더 정확하게 말하면, 한국 정치구조는 소용돌이의 정치가 지닌 위험성에도 불구하고 그것을 체제동학의 한 계기로 포섭하였다.

물론 민주화 직후에 소용돌이의 정치가 곧바로 나타나지는 않았다. 민주화 이후 한국 정치사의 전개란 권위주의적 군부통치가 남긴 지역주의에 기반하여 행정부와 입법부를 특정 정당이 독점하는 '단점정부(單占政府, unified government)'의 형성을 반복해서 시도하는 과정이었다. 3당 합당을 비롯하여 각종 지역주의 정당들의 합종연횡이 김대중정부에 이르기까지 반복되었다. 적어도 이 과정에서는, 진보진영 입장에서 볼 때 불합리하게 느껴지는 지점이 많았을지 몰라도 노태우 정부가 보여주는 바와 같이 지역주의 정당들 간의 협상 속에서 일정한 정도로 공공성을 형성하고 반영하려는 노력이 반복되었다.†

하지만 노무현 정부가 집권한 이래 지역주의 정당에 기초하여 합종연횡을 시도하는 정치는 곧 사라지게 되었다. 수도권과 비수도권의 인구비중이 역전되고, 수도권을 중심으로 인터넷 여론에 의존하는 정치, 즉 '디지털 포퓰리즘'이 형성되기 시작하면서 지역주의 구도가 갖는 의의는 퇴색되었다. 확고한 지역기반을 지닌 지역정당들과의 타협 없이는 입법부와 행정부에서 동시적인 우위를 점하기 어려웠던 삼김(三金)시대와 달리, 노무현 정부 이후에는 수도권 내에서 어떻게 세력적 우위를 점하는지에 따라 충분히 독자적으로 단점정부를 수립할 수 있었다. 세력연합 없이 단독으로 민주당 세력이 집권할 정도로 역량이 성장하는 과정은 소용돌이의 정치가 점차 확대되어가는 과정과 일치한다. 지역적 특색이 존재하던 지역주의 시대와 달리 수도권 우위의 구도에서는 각 지역의 특색에 따른 차이가 제대로 정치에 반영되기 어려웠으며, 분화되지 못한 '원자화된 개인'이 정치인과 직접적으로 연결되어 '소용돌이의 정치'로 발전하는 경향이 강해졌다.

이 과정에서 민주화 이후에 잠깐 나타났던 본래적인 의미의 근대정치와 공사 구별이 제대로 기능하지 못한 채 다시금 대통령 개인이 모든 공적 가치를 독점하는 방식으로 형해화되었다. '전제' 그 자체는 아닐지라도 전제군주와 유사한 공사(公私) 혼재 상태로

✦   노태우 정부를 '타협의 정치'가 이뤄진 시대로 파악하는 관점은 강원택 외, 『노태우 시대의 재인식』, 나남출판, 2012를 참고하라.

회귀하고 있다는 점에서 한국의 대통령제는 '전제주의'로 독해해야 한다. 한국의 근대는 역설적이게도 민주화와 산업화 모두를 달성하여 근대화를 완성하는 바로 그 순간에 근대 이전 '전제'의 세계로 회귀하고 있었던 것이다.

전제주의를 넘어서

이상의 내용이 이 책이 근거한 역사적 배경이자, 이 책을 통해 드러내고자 하는 전제주의의 특질이다. 공사 분리를 전제로 성립하는 근대사회와 달리 전제주의 사회에서는 공사 구별이 극도로 억제되며 오히려 분화되고자 하는 경향을 대중들이 나서서 봉쇄하는 현상이 나타난다. 나는 오랫동안 시민단체를 오가며 어째서 이런 일이 계속해서 반복되는지 의문을 품어왔다. '정상적인 근대사회가 어째서 한국사회에서 나타나지 않는가?' 이 질문에 대한 해답을 찾기 위해 역사 속으로 향했다.

본래 나의 주요 관심사는 조선후기 농민의 토지소유구조였다. 근대로 이행하는 과정에서 조선왕조가 어쩌다 식민지로 전락하게 되었는지를 해명하기 위해서는 농민의 토지소유구조에 대한 체계적인 이해가 필수적이라 보았다. 그것을 통해 자본주의로 이행할 계기가 형성되었다면 어떻게 존재했는지, 없었다면 어째서 없었는지를 해명할 수 있다고 보았다. 그런데 자본주의 맹아론에는 놀랍게도 자본주의의 '맹아'가 무엇인지에 대한 체계적인 해명이 없었다. 자본주의 맹아론의 이론적 지주(支柱)로 불리는 고(故) 김용섭 교수의 저작들을 꼼꼼하게 읽어보아도, 구체적으로 자본주의의 맹아가 무엇인지 설명되어 있지 않았다. 김용섭 교수의 연구는 그저 지주제 경영에서 수많은 임노동이 사용되었음을 입증하는 데 그쳤던 것이다. 마르크스와 엥겔스가 거듭해서 강조하듯이 임노동 자체는 인류사의 아주 초기 단계에서부터 존재하였기에 이러한 주장은 그다지 의미를 갖기 어렵다. 고(故) 강만길 교수의 상업사 연구 또한 마찬가지 지점에서 한계를 지녔다. 이들의 연구가 구조적 접근이 아니라 몇몇 특정한 사실들만을 부각해 의도적으로 조선후기 발전상을 과장하는 '부조적(浮彫的) 수법'에 의거하고 있다는 비판을 부정하기 어려운 건 이런 맥락에서였다.[✦]

'맹아'가 구체적으로 무엇을 의미하는지에 대한 의문은 마르크스(주의) 역사이론에 대한 관심으로 이어졌으며, 그것은 결국 '근대란 무엇인가'에 대한 해명으로 귀결되었다. 그 결과물이 2018년에 쓴 역사이론 관련 원고였다. 이 원고에 어떠한 의의가 있다면, 마르크스와 엥겔스를 체계적으로 재해석하여 전(前) 자본제의 발

✦ 부조적 수법에 대해서는 안병태, 『朝鮮近代經濟史研究』, 日本評論社, 1975; 『朝鮮社會の構造と日本帝國主義』, 龍溪書舍, 1977를 참고하라.

전과정을 '아시아적 경로'와 '유럽적 경로'라는 두 가지 경로로 이론화해 체계적으로 분석하였을 뿐만 아니라, 그 연장에서 아시아적 경로에서 자본주의로의 이행을 이론화하는 데 성공했다는 것이다. 유럽적 경로든 아시아적 경로든 결국에는 동일한 근대 자본제 사회로 귀결되기에, 아시아적 경로에서도 공사 분리에 기초한 정상적인 근대가 나타나리라 보았다. 사(私)와 그것을 종합한 공(公)이 정립되고 그에 따라 정상적인 근대가 전개될 때 비로소 근대 너머 사회주의로 이행하는 계기도 나타날 수 있을 것이다. 아시아적 경로를 밟아온 사회에서는 최초로 사회주의로의 이행을 모색할 수 있다는 게 한국사의 특질이라고 당시에는 생각했었다. 선진 구미 지역이 역사의 주도권을 장악하던 시대를 넘어 한국을 위시한 아시아 국가들이 세계사를 주도하는 새로운 시대가 열릴 것이고, 그 선두에 한국의 진보세력이 있다고 보았다.

이렇듯 자본주의에 이르는 두 갈래 길을 체계적으로 정리하고 나서 출판계약까지 마쳤지만 그 책은 끝내 출간되지 못했다. 책의 전제가 되는 현실인식이 변하고 있었기 때문이다. 문재인 정부가 집권하면서 한국 근현대사에서 비로소 제대로 된 근대, 정상적인 근대가 실현되리라 기대하였다. 이는 한국 민주당의 역사관에서 논리적으로 도출된 결론이었다. 한국 보수파는 일종의 권위주의적 통치의 잔존물이었기에 그들이 집권하는 한 정상적인 근대는 실현 불가능하였다. 왕당파에 가까운 한국 보수파가 사라지고 나서 자유주의 세력인 한국 민주당이 집권하였으니 이번에야말로 제대로 된 근대가 실현되어야만 했다. 하지만 문재인 정부는 이상의 설명에서 보았듯이 본래적인 의미의 근대와는 다소 거리가 멀었다. 오히려 문재인 정부에서 나타난 조국사태 등의 대중동원 현상은 사라졌던 아시아적 특질, 즉 전제주의가 부활하는 것 아닌가 하는 의문을 자아냈다. 근대사회로 이행하는 과정에서 사라졌어야 할 아시아적 특질이 자본주의가 이 정도로 발전한 사회에서 다시 나타나는 듯한 현상을 보며, 아시아적 경로가 소멸했다는 오랜 지론을 유지해야 하는지 끊임없이 흔들렸다. 우리는 아시아적 특질에서 벗어나지 못하는 건 아닐까? 정상적인 근대를 밟아 나가지 못하는 건 아닐까? 혹시 근대 이후에 사회주의로 이행하는 데도 유럽적 경로와 아시아적 경로라는 두 갈래 길이 작동하는 것은 아닌가?

이 책은 이와 같은 오랜 의문에 대한 답변을 담고 있다. '전제주의'는 근대사회에서 나타날 수 있는 정치적 유형의 한 종류라 생각한다. 근대사회가 공사 영역의 구별, 즉 정치사회(근대국가)와 시민사회의 분리를 전제로 성립한다고 할 때, 정치사회와 시민사회의 관계를 통해 나타날 수 있는 정치유형은 네 가지다. 그중 하나인 전제주의는 정치사회로서의 근대국가가 자신을 제약하는 시민사회에서 '탈출'하고자 하는 정치 유형이다. 정치사회와 시민사회가 원만한 관계맺기를 통해 서로가 서로를 반영하기보다는, 근대국가가 시민사회와 연결되어 자신의 행동이 제한되는 것을 견디지 못하고 거기서 탈출하여 무엇이든 할 수 있는 자율성을 획득하고 자 하는 시도로 파악하는 것이다.

역설적이게도 전제주의의 한계는 바로 거기서 비롯된다. 시민사 회에서 탈출하여 무엇이든 할 수 있게 되었지만, 역설적이게도 시 민사회와의 연계가 끊어지는 바람에 아무것도 할 수 없게 되는 모 순이 발생한 것이다. 이 모순 때문에 한국의 근대국가 시스템이 제 대로 작동하지 않게 되고, '원자화된 개인'들은 '소용돌이의 정치' 를 통해 대통령을 갈아치우거나 더 많은 권한과 더 큰 힘을 대통 령에게 부여하려는 '소용돌이'를 일으킨다. 어느 것이든 전제주의 하에서는 해소될 수 없는 모순을 심화시킬 뿐이다. 전제주의의 결 과를 전제주의적 방법으로 해결할 수밖에 없다는 데 전제주의 사 회의 모순이 있다.

우리에게는 전제주의를 대체할 '새로운 정치'가 필요하다. 그것 이 구체적으로 무엇인지는 이 책에서 확정할 수 없다. 실천을 통해 서 새롭게 우리 앞에 그 모습을 드러낼 것이기 때문이다. 새로운 대안을 모색하는 과정에서 생길 수 있는 시행착오를 줄여줄 수만 있다면 이 책의 효용은 충분하지 않을까 한다.

1부

전제주의,

개인으로

환원되는 정치

'전제주의'란

무엇인가

1장

도대체 무슨 말을 하는지 모르겠다 : 노사법치주의에 관하여

사회적 중간집단을 인정하지 않는 보나파르티즘적 정치

아침에 일어나서 가장 먼저 본 기사가 이정식 고용노동부 장관의 인터뷰였다. 읽고 나서 이해가 되지 않아 관련 기사들까지 다 읽어보았지만 여전히 '무슨 말을 하는지' 이해가 잘 안 되었다. 윤석열 정부의 가장 큰 문제는 대통령부터 장관까지 정부인사들이 자기가 무슨 말을 하는지 잘 모르는 거라고 생각될 정도였다. 설사 대통령 개인은 그렇다 쳐도 옆에서 보좌하는 측근들이 정상적이라면 달라질 여지가 있겠지만, 측근들마저 대통령과 같은 상태라면 문제는 심각해진다. 사실상 무의미한 말 더미를 헤치고 나면 남는 건 그들이 행한 것들, 행위밖에 없다. 그 행위의 의미는 무엇인가? 이 글에서는 개인과 국가 사이에 '사회적 중간집단'의 존재를 인정하지 않는 전제주의 정치를 말하고자 한다. 의회를 거치지 않고 행정부가 '직접' 사회에 개입하는 방식이 대단히 폭력적이고 비용낭비적이라는 데 전제주의의 특질이 있다.

법치(法治)란 무엇인가

이 장관(이정식 장관—인용자 주)은 이날 인터뷰의 상당 시간을 노사법치주의의 중요성을 강조하는 데 할애했다. 그는 "인간은 죽음이 두려워 종교를 만들고 자연이 두려워 사회를 만들었는데, 사회에는 갈등이 있기 때문에 질서가 요구된다"며 "질서를 유지하기 위한 것이 사회 규범이며 그 최고 형태가 바로 법"이라고 말했다.[✦]

인문학자가 되어버린 장관이여! 과문해서 그런지 모르겠지만 '노사법치주의'라는 용어 자체를 처음 들어봤다. 노사관계에서 폭력 등의 비합법적 수단의 사용을 자제해야 한다는 의미로 법치주의 운운했다면 '법치'보다는 '준법(遵法)'이라는 표현이 더 적합하다. 사실 윤석열 대통령은 대선후보 시절부터 법치와 준법을 구별하지 못했다. 윤석열 대통령만의 문제도 아니다. 보수우파들이 법치와 준법을 구별 못하는 게 오늘만의 문제는 아니다.

[✦] 관련 기사 : [인터뷰] 노동장관 "노조, 헌법 보호만 받고 역할 등한시해선 안 돼", 연합뉴스, 2023년 1월 12일, https://www.yna.co.kr/view/AKR20230111154600530

10여 년 전에도 뉴라이트 쪽에서 '청년보수'를 표방하며 나온 이들이 있었다. 당시 연세대학교 정치외교학과 대학원생이던 윤주진이 대표적인 인물로, SNS에서 보수우파를 대변하는 주장을 많이 펼쳤다. 그중에는 '떼법' 때문에 법치주의가 무너진다는 주장도 있었다. 법을 엄격하게 적용하여 법치주의를 회복해야 한다는 그의 주장은 다소 받아들이기 어려웠다. '법치'란 기본적으로 '인치(人治)'에 대비될 뿐만 아니라 전근대 군주권을 제한하는 과정에서 도출된 개념이기 때문이다. 군주와 그가 장악한 국가권력이 개인의 권리를 침해할 때는 법령이 정한 바대로 이루어져야 한다고 국가권력을 규제하기 위해 만들어진 법치 개념을, 시민들이 법을 잘 준수하지 않는다는 의미로 사용하는 것을 이해하기 어려웠다. 이런저런 대화 끝에 그는 오늘날과 같이 민주화된 사회에서는 대중이 국가권력보다 더 강력한 권력을 지녔기 때문에 대중이 법을 준수하는 게 곧 법치(주의)를 의미한다고 답하였다. 개념을 오용한 것이지만, 적어도 대한한국 보수우파의 보편적 정서를 잘 대변하는 발언이라 생각되었다. 윤석열 대통령에게서도 '준법'과 '법치'를 혼용하는 모습이 관찰된다.

노사법치주의가 괴상한 용어인 까닭은 준법과 법치를 혼용하여 사실상 '정치'의 영역을 배제해버리기 때문이다. 국가의 공적 영역과 대비되는 사적 자치 영역인 기업과 노동자의 관계를 '법치'라는 국가질서의 한 부분으로 파악함으로써 사실상 사적 자치가 이루어질 수 있는 정치의 계기를 박탈하고 있다. 민사로 다뤄야 할 문제를 형사사건으로 다루는 셈이다. 노사법치주의 운운하며 법 준수를 강조하는 건 노동조합을 대화상대가 아니라 법의 적용대상으로 본다는 걸 의미한다. 여기서 어떠한 대화가 가능하며, 어떠한 협의가 있을 수 있겠는가. 법치 개념을 공적 영역이 아닌 사적 영역으로까지 확대적용하는 방식으로 국가가 의회를 우회해 시민사회와 직접 마주하려고 한다.

그렇다면 법치란 무엇인가. 왜 법치가 중요할까. 법치국가에서 국가의 이름으로 행해지는 모든 행위, 즉 주권행사가 법에 '구속'되기 때문에 중요하다. 국가의 의사를 최종적으로 결정하는 권력으로서 '주권(主權, sovereignty)'은 그 자체로는 반드시 법과 관련이 있다고 하기 어렵지만, 적어도 법치국가에서는 그것이 규범 및 규범의 규범의 연역인 법과 상충하기 때문에 문제가 된다. 그래서 본디 법치국가에서는 기본적으로 이 자의적인 '인치(人治)'의 영역, 주권자가 법에 구속되지 않고 결정을 내릴 수 있는 여지를 제거하는 방향으로 나아간다. 다시 말해서 국가의 의사를 최종적으로 결정할 수 있는 권력이 자의적으로 행사될 여지를 제거하는 방향으로 나아간다. 최종적인 결정권자로서 주권자는 법체계 안으로 사라져야 한다.

근대사회에서 입법부가 가장 막강한 권력을 쥐고 있는 것도 이런 맥락에서다. 행정부가 아무리 막강한 폭력수단을 지니고 있을지라도, 아니 그렇기 때문에 행정부는 입법부가 정한 틀에서 벗어날 수도 없고 벗어나서도 안 된다. 행정부는 입법부가 규정한 틀

내에서 행동해야 한다. 그렇기에 입법부가 중요하다. 제멋대로 법을 제정하여 자의적이고 전제적인 지배를 할 수도 있기 때문이다. 통치자가 법을 앞세워 법을 통치의 수단으로 삼는 '법에 의한 지배(Rule by law)'와 통치자와 시민 모두 법에 복속되고 통제되는 '법의 지배(Rule of law)'를 구별하는 건 이런 맥락이다. 이처럼 입법부가 막강한 힘을 지니고 있기에 '미국 건국의 아버지들'은 민주주의를 최대한으로 제한하는, 로버트 달의 표현에 따르자면 '매디슨주의적 민주주의'를 구상했다.

하지만 이러한 노력에도 불구하고 '법치는 인치를 끝내 배제하지 못한다'는 게 독일 법학자 카를 슈미트가 전 생애에 걸쳐 논증하고자 했던 부분이다. 법치국가에서는 주권자를 제거할 수 없다. 슈미트에 따르면 주권과 법치의 충돌은 외재적인, 서로 다른 원리 간의 충돌이 아니라 법치의 내재적 한계 때문에 나타날 수밖에 없는 충돌이다. 왜 그런가. 헌법도 일종의 법이자 규범이기 때문이다. 규범으로서의 헌법, 법으로서의 헌법을 만들어낼 결정의 계기는, 그리고 그 결정을 정당화할 수 있는 권위는 헌법 자체에 있지 않다. 다시 말해서 입법부에서 만들어지는 모든 법은 궁극적으로 그 근거가 헌법으로 소급되지만, '최고' 규범으로서 헌법 자체는 어떠한 근거도 지니고 있지 않다. 그렇다면 헌법 자체는 어디에서 왔는가? 누구의 의지가 반영됐으며 누구의 결정에 따라 최고 규범이 되었는가? 이 질문에 제대로 답변하지 못한다면 궁극적으로 헌법, 더 나아가 근대적 법질서 전반이 부정될 수도 있다.

카를 마르크스는 프랑스인들이 프랑스 대혁명 이전부터, 그리고 이후로도 무수히 논쟁했던 문제가 바로 이 헌법의 정당성에 관한 것이라고 지적한다.[✦] 근대사회에서 우리 삶은 법에 의해 규율되는데 그 법의 최종적 근원인 헌법은 누구의 의지로 만들어진 것인가? 법의 적용을 받는 나의 의지인가? 1987년에 만들어진 제6공화국의 헌법을 1987년 이후에 태어난 사람들, 그 헌법에 의사표시를 한 적이 없는 사람들이 왜 따라야 하는가? 헌법에 반영된 '일반의지'와 개인들의 '개별의지' 간의 대립을 어떻게 해소할 것인가? 법으로 해결 가능한가? 해결 가능하다면 그 법은 누가 만들었으며 누가 동의하였는가? 법을 어기는 게 왜 나쁜가? 오히려 법이라는 이름의 폭력에 대항하는 정당한 폭력행사가 아닌가? 이런 식의 의문들이 이어지다 보면 법 기반 자체가 무너지게 된다.

이를 막기 위해 최고 규범으로서 헌법은 그 자신에게 '최고', 규범들 중에서 '최고' 규범의 지위를 부여할 결정권자와 권위체를 요구한다. 이른바 '헌법의 수호자'이다. 헌법의 수호자는 대통령이 될 수도, 헌법재판소가 될 수도, 국가원수일 수도, 의회일 수도, 사법부일 수도, 입헌군주일 수도, 심지어는 국민 자체일 수도 있다. 동시에 이들 모두가 아닐 수도 있다. 이들이 헌법의 수호자로서 기능하는 것은 헌법에서 최고 결정 권한을 부여받았기 때문이라는 점

✦ 칼 마르크스, 『헤겔 법철학 비판』, 강유원 역, 이론과실천, 2011.

이 중요하다. 법치국가에서 헌법은 자신이 해결할 수 없는 문제를 자기 자신에 의거하여 해결해야 하는 모순에 빠진다. 법치국가는 이 모순을 최대한 유예하기 위해 결정의 여지를 없애려 최대한 노력하지만, 그 모든 노력이 최종적으로 헌법에 의거하는 한 헌법은 자기 자신을 규정하는 결정에서 벗어날 수 없게 된다. 법의 지배가 무한소급 속에서 자신의 정당성을 상실할 위험에서 벗어나고자 한다면 자기 자신을 정립하는, 자기 자신이 자신의 근거가 되는 주권자의 '결정'에 의존하지 않을 수 없다. 이런 맥락에서 슈미트는 '법치'가 주권자의 자의적 결정인 '인치'를 배제할 수 없다고 말한다. 주권자가 이것이 헌법이고 최고 규범이라고 정의를 해줘야 된다. 일반적으로는 '제헌의회(制憲議會)'라는 형식을 취한다.

이 외에도 법의 자기실현 역시 '결정'의 계기가 필요하다. (헌)법은 앞서 말했듯이 규범이다. 법은 사회라는 대상을 규율하기 위한 규범으로서 존재하며, 만약 그것에 실패하면 자신의 존립기반을 잃게 된다. 그런데 법이 '추상적'인데 반하여 법의 규율대상인 개별적인 사건들, 좀 더 포괄적으로 말해서 사회라는 대상은 '구체적'이다. 규범으로서 법이 지닌 추상성과 일반성과는 달리 사회적 행위는 대부분 구체적이고 특수하다. 따라서 규범으로서 법, 더 정확하게는 법조문 자체가 사회 전체를 포괄할 수는 없다. 법조문에서 아무리 연역을 하더라도 우리가 지금 겪고 있는 구체적인 사건에까지는 이르지 못한다는 말이다. 그렇기에 우리는 법의 해석과 그 해석에서 도출되는 결정의 정당성을 놓고 대립한다. 즉, 법이 규범으로서 작동하기 위해서는 그것에 구체성을 부여할 외적 계기가 필요한데 그것이 바로 '결정'이다. 조르조 아감벤이 법의 유일한 목표는 '판결 그 자체'라고 한 것은 이런 맥락에서 이해되어야 한다. 판결을 내리지 못한다면 법은 기능하지 않고 존재근거를 박탈당하게 된다. 그 결정이 사회적 정의에 부합하는지 여부는 중요하지 않다. 오직 판결을 통해 법이 실현되는 것 자체가 중요하다. 결정을 내리지 못하는 법은 존재하지 못한다.

이처럼 법치는 본질적으로 '자의적인' 결정의 계기를 포함하고 있다. 우리는 좋든 싫든 그 결정을 수행하는 주권자의 폭력을 수용하며 살 수밖에 없다. 그런데 지금까지 우리의 논의는 인치와 법치를 대립하는 개념으로 다루었다. 하지만 자의적인 권력행사를 규율하는 규범이 반드시 곧바로 법의 형태를 취할 필요는 없다. 오히려 자의에 대비되는 사회적 규범의 일부가 법으로 제정된다고 봐야 한다. 이러한 '공동의 규범'을 창출해내는 기구는 이미 근대 사회 내부에 존재한다. 바로 의회와 입법부가 대의제 기구로서 그러한 기능을 수행한다. 넓은 의미에서 정치의 영역이 그러한 역할을 하고 있다. 물론 위르겐 하버마스가 『공론장의 구조변동』에서 논의했듯이 부르주아 공론장의 형태는 다양하지만 그것의 최종적이며 궁극적인 위치는 의회일 수밖에 없다.✦ 의회에서 논의된다는

✦ 위르겐 하버마스, 「공론장의 구조변동」, 한승완 역, 나남출판, 2004.

사실 자체만으로도 이미 일정한 사회적 규범을 산출해내는 과정이다. 헤겔이 의회를 가리켜 민족공동체의 정신적 수준을 보여준다고 한 것은 이런 맥락에서 한 말이다. 정치인이 무언가를 논한다는 사실만으로도 그는 공동체 전체에 일정한 '시그널'을 보내고 있다.

정치의 역할은 법을 통해 사회적 주체들을 규제하는 게 아니라 공개성과 토론, 공공성에 입각해 사회적 주체들 간의 합의를 이끌어내는 데 있다. 인치와 법치 사이에 존재하는 대단히 넓은 규범의 영역을 공인(公認)하는 게 정치의 역할이다. 이정식 장관이 "질서를 유지하기 위한 것이 사회 규범이며 그 최고 형태가 바로 법이다"라고 하였을 때, 그는 분명 이러한 사실을 인식하고 있는 것처럼 보인다. 그런데 윤석열 정부와 그 장관들은 사회적 주체와 타협하여 공동체의 공공성을 확립하고 보다 효율적으로 기능하도록 유도하는 게 아니라 '노사법치주의'라는 희한한 조어를 통해 오히려 사회적 주체를 파괴하는 행위를 거듭하고 있다. 사회 규범을 만들기 위해서가 아니라 그 최고 형태인 법만을 내세우기 위한 본말전도(本末顚倒)가 나타난다. 법치주의는 노사가 아니라 윤석열 정부 자신을 규제하는 데 사용되어야 하는 조어이다. 대상이 주체 노릇을 하려는 거꾸로 된 시대에 이정식 장관이 춤을 추고 있다.✦

✦ "다른 세계가 모두 정지하고 있는 듯이 보일 때, 다른 것을 고무하기 위해 중국과 탁자가 춤을 추기 시작했다는 것이 생각난다."(칼 마르크스, 『자본』 I -1, 김영민 역, 이론과실천, 1990, p. 100.)

사회적 주체가 없는 정치

현 정부가 내건 노동 개혁 과제 가운데 하나인 노조 재정 투명성 제고의 필요성도 언급했다. 그는 "요즘 뉴스에는 건설사를 협박해 돈을 뜯어낸 '조폭 같은 노조' 보도가 나온다"며 "노조의 생명은 자주성과 민주성으로, 회계를 투명하게 운영해야 스스로 당당할 수 있다"고 말했다.✦

이정식 장관의 기행은 끝나지 않는다. 노조 재정 투명성 제고와 건설업체를 협박해서 돈을 뜯어낸 '조폭 같은 노조'가 무슨 관련이 있을까. 후자를 잡아내려면 형사법과 경찰, 검찰 등의 시스템적인 부분을 잘 갖춰야지 노조 재정을 들여다보려는 이유가 무엇일까. 노조 재정을 들여다보며 노조가 범법행위를 저지르지는 않았는지 추적하겠다는 말인가? 그렇다면 당연하게도 기업의 내부 정보 공개에 대해서도 동일한 기준을 적용해야 한다는 결론이 나오는데 그런 주장은 하지 않는다. 노동조합에만 그러한 기준을 적용한다. 노동조합을 하나의 '사회적 주체'로 인정할 생각이 없다는 말과 같다.

이어지는 그의 발언들로 이러한 의심은 점점 확신으로 바뀌게 된다. 가령 그는 노동시장의 이중구조가 1953년 제정된 근로기준

✦ 관련 기사 : [인터뷰] 노동장관 "노조, 헌법 보호만 받고 역할 등한시해선 안 돼", 연합뉴스, 2023년 1월 12일, https://www.yna.co.kr/view/AKR20230111154600530

법 때문에 만들어졌다고 주장한다. 70년 전 당시 공장과 노동조합, 노동자가 얼마나 있었을지 의문이라며, 이 비합리적인 근로기준법이 시스템 안의 근로자들만 두텁게 보호해 임금, 복리후생, 고용안정성 등의 측면에서 격차를 확대하고 있다는 게 그의 진단이다.✦ 그렇기에 근로기준법을 바꿔서 시스템 바깥의 노동자들을 보호해야 한다고 주장한다. 비정규직 노동자들을 보호하겠다는 그의 '선의'를 무시하고 싶지는 않지만, 여기서도 그는 법 적용만을 고려하고 있을 뿐 실제로 그 법이 적용되는 대상인 노동자들에게는 '전혀'라고 해도 좋을 정도로 무관심하다. 노동자들의 행위가 구조를 만드는 게 아니라 반대로 법제도가 구조를 만든다고 이해하고 있다.

주장 자체도 받아들이기 어렵다. 정이환 교수의 고전적인 연구들이 잘 보여주듯이 현행 이중구조는 IMF 외환위기 이전 1980년대 후반의 노동자 대투쟁 과정에서 형성되었다.✦✦ 그 당시 핵심 쟁점은 노동자의 성과를 기업의 사용자들이 '평가'하는 과정에서 그 평가 기준이 공정한지의 여부였다. 노동자들은 사용자의 평가가 공정하지 못하다고 여겨 크게 반발하였고, 사용자들은 노동자들의 불만을 수용하는 과정에서 정규직을 보호하고 비정규직을 배제하는 방식의 '갈라치기' 전략을 사용하였다. 그 결과가 지금 우리가

✦　관련 기사 : [인터뷰] 노동장관 "노조, 헌법 보호만 받고 역할 등한시해선 안 돼", 연합뉴스, 2023년 1월 12일, https://www.yna.co.kr/view/AKR20230111154600530

✦✦　정이환, 『현대 노동시장의 정치 사회학』, 후마니타스, 2006; 『한국 고용체제론』, 후마니타스, 2013.

마주하고 있는 노동시장의 이중구조이다. 류석춘 교수 같은 뉴라이트 성향 사회학자조차 이 부분을 지적하며 현행 기업별노조 체제를 산업별노조로 전환하여 기업규모 차이에 따른 임금 격차를 줄일 필요성을 논하는 마당에, 노동부 장관이 갑자기 70년 전에 제정된 법체계 때문에 이중구조가 발생했으니 근로기준법을 바꿔야 한다고 주장하고 있다. 중요한 건 법 자체가 아니라 법제정의 의도와 그것을 수용하는 사회적 주체 간의 '괴리'를 어떻게 줄일 것인가이고, 그런 걸 하라고 '정치'가 필요한 것이다.

좌파를 자처하지만 현실 노동자들이 무슨 거창한 혁명이념이나 계급의식을 따라 움직인다고 보지 않는다. 급진적인 정치 지향성을 지닌 사람일수록 인간은 본래 변화를 싫어하는 보수적 성향을 지닌 존재라고 가정하는 것이 현실을 정확하게 파악하는 데 도움이 된다. 현실 노동자들도 마찬가지다. 노동자들은 그저 더 많은 임금으로 표현되는 더 나은 삶을 원할 뿐이다. 노동자의 실적을 평가하는 권한을 사용자가 행사하는 상황에서 그 평가가 과연 얼마나 '공정'할지에 대한 불안을 해소시켜줄 방안이 없다면 노동자들은 어떻게 해야 할까. 1980년대 후반 노동자들은 정규직/비정규직이라는 울타리를 통해 자신을 보호하고자 하는 선택을 했을 뿐이다. 만일 이 결과로 생긴 노동시장의 이중구조를 타파하고자 한다면 노동시장에서 노동력의 가치가 얼마나 '객관적'으로 측정될 수 있는지, 그 객관의 기준이 무엇인지 등을 사회적으로 조율할 수 있어야 한다. 그게 앞서 말한 정치의 역할이고 기능이다.

그런데 윤석열 정부의 대안은 무엇이었는가? 정규직 노동조합이 '기득권'이라는 이유로 그들을 폭력적으로 탄압하는 것이었다. '노조의 제정 투명성 재고', '조폭 같은 노조' 등의 표현을 보라. 비정규직 노동자를 명분으로 삼아 정규직 노조를 공격하고 있을 뿐이다. 근로기준법을 바꾸더라도 제정 의도를 노동자들에게 적절하게 설명하고, 제정 의도에 부합하게 행동하도록 널리 동의를 구했어야 하는데 정규직 노조를 기득권이라고 공격하고 있다. 검찰, 경찰 등이 난입해 사무실을 압수수색하는 상황에서 노동조합이 무엇을 할 수 있을까.

동일한 맥락에서 한국의 '연공형 임금체계'를 개혁하겠다는 주장 또한 일방적이기는 마찬가지다. 일한 햇수만큼 임금이 올라가는 한국형 임금체계에서 노동자는 한 기업에 종속되기 마련이고, 그 결과가 앞서 말한 바와 같은 기업별노조 체제의 정착과 그에 따른 정규직/비정규직 차별이었다. 이중구조 해소를 위해서는 분명 기업별노조를 산업별노조로 바꿀 필요가 있다. 이정식 장관 또한 이를 인지하고 있기에 임금체계 개혁을 통해 직무급제로 전환해 노동자가 다른 기업으로 옮겨도 비슷한 대우를 받게 만들려 한다.✦ 하지만 이정식 장관은 정작 그 전제조건이 무엇인지에 대해서는 말하지 않는다.

✦   관련 기사 : [인터뷰] 노동장관 "노조, 헌법 보호만 받고 역할 등한시해선 안 돼", 연합뉴스, 2023년 1월 12일, https://www.yna.co.kr/view/AKR20230111154600530

조돈문 교수의 연구가 잘 보여주고 있듯이[+] '동일노동 동일임금' 체계와 '산별노조'가 전제되지 않으면 다른 기업으로 옮겨도 비슷한 대우를 받게 된다는 말은 성립할 수 없다. 기본적으로 기업도 일종의 공동체이고 나름의 문화가 다르기 때문에 같은 직급이라 하더라도 기업 내부의 가치평가는 전혀 다를 수 있다. 이 부분을 해소하기 위해서 동일노동 동일임금 원칙이나 산별교섭체계가 도입된 것인데, 그런 전제조건에 대해서는 단 한마디 말도 없이 기존의 현기차 중심의 대기업 노조 전체를 무너뜨리겠다는 말만 늘어놓고 있다.

노동조합이 존재하지 않는 상황에서 어떻게 노조와 기업체가 협력할 수 있겠는가. 노동조합이 아니더라도 노동자와 기업체 간의 대등한 협상이 가능하다면 모를까 한국에는 그런 조건이 갖춰지지 못했다. 미국과 같은 방식으로 노동자와 기업체 사이에 대등한 교섭이 가능하려면 기업 간 경쟁이 이뤄지는 등 노동자의 바게닝 파워(교섭력)가 작동할 수 있는 조건들이 필요하다. 그런데 한국은 일자리·구직자 비율을 의미하는 유효구인배율이 2015년 이래 단 한 번도 1을 초과한 적이 없다. 2017년 0.65배였던 유효구인배율은 2020년에는 0.39배, 2023년에도 0.58배를 기록하고 있다. 일자리 부족 상태가 10년 가까이 지속되고 있고 기업 간 경쟁도

✦   조돈문, 「노동시장의 유연성-안정성 균형을 위한 실험」, 후마니타스, 2016.

약하다. 노동자에게 유리한 조건이 하나도 없는 것이다. 이런 상황에서 노조마저 없어진다면 도대체 노동자가 어떻게 협상을 할 수 있단 말인가. 어떻게 경기변동에 따라 유연하게 대응하며, 직업적 안정성을 확보할 수 있겠는가. 이정식 장관에게 유연성이란 '해고의 유연함'을, 안정성이란 '기업경영의 안정성'을 의미하는 건 아닌지 의문이 든다.

자신의 주장을 뒷받침할 어떠한 전제조건도 상세하게 설명하지 않다 보니 남는 건 '실천'밖에 없고, 대기업 노동조합을 무너뜨리겠다는 의도만 드러나고 말았다. 그는 간접고용 노동자의 교섭권을 보장하고 쟁의행위 탄압 목적의 손해배상·가압류를 금지하는 내용을 담은 노동조합법 2·3조 개정과 관련해서는 "파업 등을 통해 문제를 제기하더라도 남한테 피해를 주지 않고 법 테두리 안에서 하면 손해배상·가압류 얘기가 안 나온다"고 비판하며 일축했다. 만약 노동조합법2·3조 개정, 일명 '노란봉투법'이 통과되면 사회에 큰 혼란을 야기할 수 있다는 그의 주장은 사실상 파업행위를 금지해야 한다는 것과 다르지 않다. 남한테 피해를 주지 않고 '법 테두리' 안에서 하는 쟁의행위가 대체 무슨 의미가 있을까? 게다가 쟁의행위 탄압을 목적으로 손해배상·가압류를 하는 걸 막겠다는 법인데 쟁의행위를 탄압하는 것에 대해서는 아무런 보완책이 없다. 애초에 손해를 끼치지 않았으면 될 일이라니? 간첩, 빨갱이 등이 아니라면 국가보안법을 무서워할 필요가 없다는 말과 다르지 않다. 하기야 인류사에서 체제에 협력할 자유, 국가에 충성할 자유가 부정된 적이 있었던가. 노동부 장관이 노동자의 파업권을 부정하고 있다.

파업을 용인하면 사회가 혼란에 빠진다는 이정식 장관의 주장에는 사회적 주체로서 노동조합이나 정당, 국가 등이 서로 협의하고 합의하는 과정이 생략되어 있다. 노동자들이 할 일이 없어서 기업을 무너뜨리려고 시위하는 것도 아닌데, 그들의 목소리를 듣고 협상을 통해 어느 정도 이해관계를 반영하려는 노력 자체를 포기하고 있다. 그 결과는 무엇인가. 노동자들 자체도 스스로를 '보편화'할 기회를 얻지 못한다. 파업행위는 사회적 연대를 구하는 행위다. 노동자들만의 행위가 아니라 다양한 사회구성원의 지지, 연대 등으로 확대되기 위해서는 노동자들이 자신들의 주장이 사회적 보편성에 가닿을 수 있도록 노력할 필요가 있다. 그러한 기회 자체를 박탈하고 있을 뿐만 아니라, 심지어 노동조합이나 의회를 거치지 않고 국가가 직접적으로 노동자 각자의 '보호자'로서 기능하고자 한다. 비정규직 보호에 대한 발언은 이런 맥락에서 해석되어야 한다. 개인과 국가 사이에 존재하는 노동조합 등의 사적 결사체와 그들의 집결지인 의회와 정당을 우회하여 국가가 법 개정을 통해 개개의 노동자, 개개의 시민들과 직접적으로 연결되고자 하는 욕망을 마르크스는 '보나파르티즘(Bonapartism)'이라 부른다.✦ 한국 정

✦ 이와 같은 방식의 용례는 가라타니 고진, 『역사와 반복』, 조영일 역, 도서출판b, 2008을 참고하라.

치는 의회, 시민단체 등의 사회적 중간단체를 배제하고 국가가 직접 시민 개개인을 장악하고 그들을 자신의 지지기반으로 삼고자 하는 보나파르티즘적 형태로 진행된다.

정치가 실종된 보나파르티즘 시대

윤석열 정부는 대통령부터 대통령실, 장관 등에 이르기까지 모두 다 '무슨 말을 하는지 못 알아듣겠는' 말들만 한다. 대선후보 시절에도 그랬지만, 그나마 그때는 선거에서 이기기 위해서라도 조금 숙이는 게 있었는데 이제는 그런 것도 사라져버렸다. 이정식 장관의 인터뷰에서도 드러났지만 윤석열 정부는 입법부를 이용하지 않고 사회에 개입한다. 어떤 식으로? "저기에 불법이 있다." 노조부패라는 희한한 조어를 내세워서 노조에 무언가 불법의 여지가 있으니 형사법적인 국가폭력이 개입해서 조정해야 한다는 방식이다. 여기에 대화, 공개성, 토론 등이 들어설 여지는 없다. 정치는 실종되고 판사봉이 춤을 춘다. 앞서 말했듯이 추상적인 법조문은 결코 사회를 포괄할 수 없다. 법조문이 결코 도달할 수 없는 사회의 구체성에 도달하기 위해 윤석열 정부는 불법성 여부를 판별하기로 택했다. 보나파르트가 되고자 하는 윤석열 정부의 시도를 얼마만큼 견제할 수 있는지에 따라 한국 민주주의의 미래가 결정될 것이다.

2장

'파시즘'을 욕으로밖에
사용할 줄 모르는 당신에게

보나파르티즘의 토대인 단점정부를 형성하고자 하는 대중운동

한국사회에서 '파시즘'이라는 단어는 대체로 욕설로 사용되었
다고 단언해도 과언이 아니다. 하지만 이와 같은 흐름이 갑작스
럽게 나타난 것은 아니다. 과거 1970~80년대에 한국의 국가성격
을 설명하는 과정에서 신식민지국가독점자본주의의 상부구조로서
'신(新)식민지 파시즘'이라는 개념이 통용되면서 파시즘이라는 용
어는 학술적인 외피를 지니고 있었다. 그런 학술적 외피에도 불구
하고 이미 그때부터 파시즘이라는 용어는 보수우파를 비난하는 데
활용되는 욕설에 가까웠다. 김대중 정부를 전후로 한 강준만과 임
지현의 '부드러운 파시즘', '일상적 파시즘', 그리고 이명박 정부의
성격을 규정하기 위한 '신자유주의적 파시즘' 등 여러 파시즘 논쟁
이 존재했지만, 민주당 계열 정권을 파시즘이라 규정하는 경우는

드물었다. 그 대신 사용된 용어가 '홍위병'이었다. 2000년에 있었던 이문열의 홍위병 발언이나 그에 대한 진중권의 비판이 아득한 옛 시절의 에피소드처럼 느껴지지만, 적어도 문재인 정부 이전까지 한국의 민주당 계열을 파시즘이라 부르는 경우는 거의 드물었다. 즉, 일반적으로 홍위병이 진보좌파를 비판하는 용어였다면 파시즘은 보수우파를 비판하는 용어였다.

그런데 문재인 정부 시기부터 파시즘은 민주당 계열을 비판하는 용어로 새롭게 자리매김하게 되었다. 2017년 문재인 정부 집권 초기부터 그에 대한 열성적인 지지를 비판하는 흐름들은 존재했지만 대체로 '포퓰리즘'이라는 개념어를 활용하여 비판하는 경우가 많았으며[+] 이조차도 노무현 정부를 포퓰리즘으로 비판하던 것의 연장에 가까웠다.[++] 하지만 이러한 상황은 곧 바뀌어 진중권을 필두로 하는 '조국흑서(黑書)' 팀 외에도 윤평중 등 여러 논자들이 각각 '연성독재', '빠시즘', '연성파시즘' 등의 조어를 사용하여 문재인 정부의 성격을 '파시즘'이라 규정하였다.

2023년에는 민주당 측 인사였던 김부겸 전 총리까지도 제3의 정치세력의 등장을 촉구하며 한국사회가 정서적 내전 상태에 놓여 있을 뿐만 아니라 한 걸음만 더 나아가면 곧바로 나치와 파시스트

[+] 대표적인 예로 김용태, 『문재인 포퓰리즘』, 다이얼, 2017를 참고하라.

[++] 노무현 정부를 포퓰리즘으로 해석하는 보수우파의 입장으로는 박효종 외, 『노무현과 포퓰리즘 시대』, 기파랑, 2010을 참고하라.

들이 등장할 수 있는 위험한 상황에 놓여 있다고 촉구하기에 이르렀다.[✦] 그런데 과연 지금의 한국사회는 그렇게 위험한 상황에 놓여 있을까? 이와 같은 현실인식이 정확할까? 먼저 배경이 되는 이론사와 개념사를 중심으로 살펴보자.

민주화의 제3의 물결과 비교정치학의 발전

대체로 2016년 트럼프 정부 등장 이래 '포퓰리즘'의 세계화를 두고 많은 논의가 존재했다. 여기에는 푸틴주의, 중국의 시진핑, 튀르키예의 에르도안 같은 신(新)권위주의의 등장이라는 세계사적 맥락이 자리한다. 독재체제와 민주주의 체제 간의 개념적 차이를 정치학이 어떻게 다루며 이러한 세계사적 변화에 대응했는지를 연구사적 맥락에서 살펴보자.

1945년 이후의 정치학은 제1, 2차 세계대전 사이에 대두한 파시즘을 타도하면서 전후체제가 성립했다는 사실에 기초하여, 정치체제를 영미형의 자유민주주의와 파시즘적 독재라는 두 축으로 구분해 비교하는 방식을 택해왔다. 여기서 후자를 '전체주의'로 개념화하는 유구한 전통이 존재하는데, 그 시초라 할 수 있는 한나 아

✦   관련 기사 : 김부겸 "한국사회 지금 정서적 내전 상태, 한 발 더 나가면 나치즘", 경향신문, 2023
    년 1월 29일, https://www.khan.co.kr/article/202301291434001

렌트가 『전체주의의 기원』 서문에서 소련을 전체주의에서 제외하였음에도 불구하고 브레진스키 등은 소련을 독일 파시즘과 전체주의의 한 유형으로 파악하는 흐름을 이어갔다. 이처럼 비교정치학 분야는 자유민주주의 대 전체주의라는 이분법적이고 양극대립적인 분석틀에 기초해 출현하였다. 냉전 상황에서 자유민주주의로의 이행을 지향하는 이론적 입장들이 근대화론 등과 결합하며 강세를 보였다.

하지만 이후 비교정치학이 발달하면서 영미형, 특히 미국형의 양당제적 정치구조가 아닌 다당제적이면서 동시에 안정적인 내각제형 정치구조의 존재가 두드러졌을 뿐만 아니라, 독재체제 또한 전체주의 외에도 억압적이지만 전체주의적이지는 않은 형태들이 존재한다는 점이 밝혀지기 시작했다. 전체주의도, 그렇다고 민주주의 체제도 아닌 중간 형태가 나타난 것이다. 후안 린츠가 스페인의 프랑코 독재 체제를 사례로 들어 이러한 형태의 체제들을 유형화한 개념이 바로 '권위주의(權威主義, authoritarianism)'였다.[✦] 스페인 프랑코 독재 체제에 적용되었던 권위주의 개념은 오도넬, 슈미터, 화이트헤드 등의 비교정치학 연구자들에 의해 라틴아메리카 정치체제 일반을 설명하는 분석틀로 확대적용되며 '관료적 권위주의' 등의 다양한 개념으로 분화되었다.

✦　린쯔 외, 『내각제와 대통령제』, 신명순 외 역, 나남출판, 1995; J.린쯔, 『민주화의 이론과 사례』, 김유남 외 역, 삼영사, 1999.

이 외에도 슈미터가 남아프리카, 브라질 등의 사례를 바탕으로 개념화한 '코포라티즘(corporatism, 조합주의)'도 있다. 이 개념은 본래 후진 저개발 지역의 정치체제를 설명하기 위해 도입되었는데, '네오 코포라티즘' 등으로 개념분화가 이뤄지며 영미형 자유민주주의와 유럽형 복지국가 또한 코로라티즘의 한 유형으로 다뤄지게 되었다. 이런 식으로 비교정치학의 발전 속에서 각 지역의 정치체제에 대한 다양한 이론화가 시도되었다. 중간적 정치체제인 권위주의, 코포라티즘 등이 곧바로 영미형 자유민주주의로 이행하지 않으리라는 점이 확실해졌다.

하지만 그럼에도 불구하고 기본적인 중심축은 역시나 영미형 자유민주주의 체제였으며, 다양한 정치체제가 개념화되고 이론화되었음에도 궁극적으로는 민주화되어 자유민주주의 체제로 수렴하게 될 것이라는 전망 속에서 논의가 이뤄졌다. 이러한 전망은 1991년 공산권이 붕괴하면서 절정에 다다랐는데, 대표적인 입장이 프랜시스 후쿠야마의 『역사의 종말』이었다.✦ 그는 전체주의 체제의 종말 속에서 자유민주주의의 궁극적인 승리를 선언하였고 세계의 대세는 민주화라는 점을 천명하였다.

이러한 흐름들을 종합해서 이론화한 책이 바로 새뮤얼 헌팅턴의 『제3의 물결』이다.✦✦ 이 책에 따르면, 대체로 19세기 이후 전 지

✦　프랜시스 후쿠야마, 『역사의 종말』, 이상훈 역, 한마음사, 1997.
✦✦　새뮤얼 헌팅턴, 『제3의 물결』, 강문구 외 역, 인간사랑, 2011.

구적인 민주화 흐름은 크게 세 번의 물결을 맞이하였다. 헌팅턴은 논의의 편의를 위해 민주주의를 정치체제의 가장 강력한 예비 정책결정자 집단이 자유롭게 득표경쟁을 벌이며, 실제로 모든 성인이 투표권을 가지는 정당하며 공정하고 주기적인 선거를 통해 선출되는 정치체제라 규정한다.✦

　이런 의미의 민주주의 체제는 크게 세 번에 걸쳐 대규모로 출현했다. 첫 번째 물결은 미국 혁명과 프랑스 혁명을 시발점으로 하는 1828~1926년의 제1의 민주화 물결이었으며, 이때 최대 33개 국가가 민주주의 체제로 이행하였다. 하지만 이러한 흐름은 지속되지 못했고, 곧 1922년 이탈리아 무솔리니 파시즘 세력의 '로마 진군'을 시발점으로 하는 역물결을 맞이하게 되었다. 1922~1942년까지 제1의 역물결 동안 민주주의 체제는 22개나 전복되며 대규모로 몰락하여 최소 11개로까지 줄어들었다.

　제2의 민주화 물결은 연합국에 의한 해방과 식민체제 종언 속에서 나타났다. 1943~1962년까지 새롭게 41개국이 민주주의 체제로 이행하였고, 최대 52개국이 민주주의 체제로 분류되었다. 하지만 1958년 파키스탄 군부 쿠데타와 1962년 페루 군부 쿠데타를 시발점으로 제2의 역물결이 나타나게 되었으며, 이러한 흐름은 1958~1975년 사이에 다시금 22개국을 비민주주의 체제로 이행

✦　새뮤얼 헌팅턴, 『제3의 물결』, 강문구 외 역, 인간사랑, 2011, p. 28.

시키며 민주주의 체제를 30개국으로 축소시켰다. 통계에 의하면 1962년에 전 세계 13개의 정부가 쿠데타의 산물이었으며, 1975년에는 38개로 급증하였다.[✦]

그러나 1974년 포르투갈 군부 쿠데타가 성공하며 포르투갈 독재체제가 종식된 것을 시발점으로 1990년까지 거듭해서 권위주의 체제가 전복되기 시작했다. 이것이 헌팅턴의 연구서의 제목인 '제3의 물결'이다. 민주국가는 1990년을 기점으로 59개국으로 증가하였으며, 인구 100만 명 이하의 국가를 제외한 전체 국가 130개 중 거의 절반에 해당하는 45.4%가 민주국가에 속했다.[✦✦] 이후 헌팅턴은 이러한 제3의 물결이 1991년 소련 패망 이후의 상황에서 확장되고 있는지, 아니면 푸틴의 러시아, 중국공산당의 세력강화 등에 힘입어 세 번째 역물결을 맞이하고 있는지에 대해 회의적인 태도를 보이고 있었다. 하지만 1974년 포르투갈의 카네이션 혁명을 기점으로 하여 2000년대 들어 본격화된 색깔 혁명들을 고려한다면, 민주화의 흐름은 2011년까지는 대체로 확장되고 있었다고 할 수 있을 것이다. 다음 그림은 세계화 추세가 2011년을 기점으로 정체하고 있음을 보여준다.

✦ 새뮤얼 헌팅턴, 『제3의 물결』, 강문구 외 역, 인간사랑, 2011, p. 44.
✦✦ 새뮤얼 헌팅턴, 『제3의 물결』, 강문구 외 역, 인간사랑, 2011, p. 50.

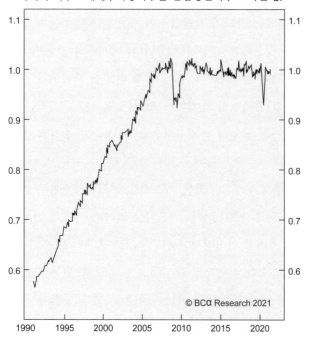

○ 세계화 지수 : 세계무역량지수를 산업생산지수로 나눈 값

© BCα Research 2021

▎ 출처 : 네덜란드 경제정책분석국(CPB Netherlands Bureau for Economic Policy Analysis)✦

　사실상 2007~2008년 금융위기 여파가 본격화되기 시작한 2010년대 이후부터는 러시아의 푸틴주의, 중국의 시진핑주의, 튀르키예의 에르도안주의 등 신(新)권위주의 체제와 2016년 트럼프 정부 등장 속에서 민주화의 기세가 꺾였다고 봐야 한다. 세계화의

✦　The Daily Shot – Global Macro Currents Visualized, 2021년 7월 29일, https://thedailyshot. com/2021/07/29/the-fomc-begins-to-focus-on-taper/ 에서 재인용하였음.

흐름이 멈추는 2011년을 기점으로 2021년까지 10여 년 동안 신권위주의 체제가 활성화되기 시작했으며, 그것을 설명하는 비교정치학 이론 또한 정교하게 발전하고 있었다. 러시아의 민주주의를 예시로 '관리 민주주의', '신권위주의' 등의 다양한 개념화가 시도되었으며, 과거의 권위주의 체제와 달리 시장경제와 주기적인 선거를 기반으로 하는 유형의 독재체제들을 '비(非)자유주의적 민주주의'라고 부른다.

이들 비자유주의적 민주주의는 기본적으로 시장경제와 주기적인 선거에 따른 민주적 정당성을 가졌다는 점에서 과거의 권위주의와 다르다. 슘페터적 의미에서는 민주주의로 분류될 수 있다. 오히려 대중들을 특정한 방향으로 유도하고 통제할 수 있는 다양한 사회적 기제들을 적절하게 활용하는 능력을 지녔다는 점에서 권위주의 체제가 업그레이드되었다 할 수 있다. 이런 권위주의 체제를 신(新)권위주의라 한다. 이들은 푸틴이나 중국공산당이 보여주듯이 대중을 특정한 방향으로 유도하고 그러한 방향에서 벗어나는 개인 혹은 집단을 적절하게 통제하고 제재할 수 있는 수단을 갖추고 있다. 이러한 형태의 신권위주의 혹은 비자유주의적 민주주의는 비단 선진자본주의 바깥에서만 나타나는 게 아니라, 트럼프 현상에서 알 수 있듯이 자유민주주의 내부에서부터 나타나기도 한다. 이런 의미에서 권위주의화와 자유주의의 쇠퇴는 세계사적 현상이었던 것이다.

지난 제20대 대선에서 '자유주의'가 화두에 올랐던 것도 바로 이런 비자유주의적 민주주의가 세계사적 문제로 떠올랐다는 점을 배경으로 한다. 비교정치학은 자유민주주의와 전체주의 간의 날카로운 개념적 대립에서 출발했지만, 민주화의 물결이 반복된 결과 오늘날 자유민주주의와 권위주의적 독재 간의 경계는 모호해지고 있다. 이렇듯 경계가 모호해지고 정체성이 확고하지 않기에 자유주의라는 정체성에 집착하게 된 것이다. 그렇다면 문재인 정부는 '비자유주의적 민주주의'이자 '파시즘'이었을까?

분점정부와 단점정부의 변증법

민주화 이후 한국 진보정치의 방향성을 제시한 저작은 최장집의 『한국 민주주의의 이론』이다.[✦] 그 이전까지만 하더라도 국가체제의 문제를 중심에 두는 '민주 대 반민주' 구도가 현상을 설명하는 틀로서 광범위한 지지를 얻고 있었고, 그러한 지지가 1987년 민주화의 동력으로 작동하였다는 것을 부정하기는 어렵다. 문제는 1987년 민주화 이후의 상황이다. 이제는 더 이상 '민주 대 반민주'라는 구도로 현실을 분석하고 파악하기 어려워졌기에 다양한 갈등축을 통합적으로 포괄하여 다룰 것인지에 대해 고민하지 않을 수

✦   최장집, 『한국 민주주의의 이론』, 한길사, 1996.

없었다. 최장집은 마르크스주의 이론가 안토니오 그람시의 이론틀을 차용하여 시민사회와 국가 사이에 정당, 시민단체, 정치인 등의 활동영역인 '정치사회'가 출현했음을 알리고, 사회운동과 정당정치 간 조화로운 관계의 수립을 대안으로 제시하였다.

하지만 이후의 현실 전개는 최장집이 한탄하듯이 민주주의가 제도화되고 정착된 것에 비해 그 내용이 협소하였을 뿐만 아니라, 오히려 정치가 실질적 민주주의의 발전을 가로막는 지경에 이르렀다.[+] 이렇게 된 데는 한 가지 중요한 변화가 주요하게 작용했다. 바로 분점정부(divided government)의 출현이다.

분점(分占)정부란 일반적으로 대통령제 하에서 행정부를 차지한 정당이 양원제 혹은 단원제 입법부 가운데 적어도 하나에서 다수당의 지위를 누리지 못해 서로 다른 정당이 행정부와 입법부를 나누어 점하는 상황을 뜻한다. 쉽게 표현하면 '여소야대(與小野大)'이다. 그렇지만 이러한 상황이 반드시 대통령제 하에서만 발생하는 것도 아니고, 특정 정당이 행정부와 입법부를 모두 차지하고 있는데도 분점정부 상황이 나타날 수 있다. 예컨대 노무현 정부처럼 집권 여당이 입법부에서 다수당의 지위를 차지하고 있었음에도 행정부의 수반인 대통령과 대립 관계에 빠져 있는 상황도 넓은 의미에서 분점정부라 규정할 수 있다.

[+]   최장집, 『민주화 이후의 민주주의』, 후마니타스, 2010.

분점정부가 발생하는 원인은 유권자의 선택, 인식에서부터 비례
대표제 등 제도적 요인까지 대단히 광범위하고 다양하다. 중요한
점은 그 원인보다 그것이 가져올 결과다. 일반적으로 분점정부는
행정부와 입법부의 대립관계 때문에 상대적으로 단점정부에 비해
비효율적이라고 인식된다. 물론 고전적인 연구라 할 수 있는 메이
휴(Mayhew)의 연구에 따르면, 분점정부가 비효율적일 것이라는
일반의 생각과 달리 단점정부와 분점정부의 법안산출 능력은 큰
차이가 없다고 한다. 그렇지만 이 연구는 통과된 법안의 개수만 분
석했을 뿐이지, 법안이 통과되는 실제적 과정이나 통과된 법안의
중요성 등은 생략했다는 치명적인 한계가 있다.

　정치학자 김용호의 연구[+]에 따르면 한국 정당정치는 민주화를
기점으로 하여 그 이전을 단점정부(unified government)로, 그 이후
를 분점정부(divided government)로 규정할 수 있다. 권위주의 체제
는 통치의 안정성을 위해서 단점정부 상태를 유지하려 했던 데 반
해, 1987년 민주화 이후에는 대체로 대통령의 소속 정당이 과반수
를 차지하지 못하는 분점정부, 즉 여소야대 현상이 반복적으로 나
타났다. 김용호의 저작이 2003년에 나왔다는 점을 고려한다면, 당
시 그가 분점정부 현상을 필연적이라고 생각하고 이후에도 그러한
상황이 지속되리라 예측한 것을 이해할 만하다. 하지만 실제 역사

✦　김용호, 『한국 정당정치의 이해』, 나남출판, 2003.

는 그렇게 진행되지 않았다. 아래 표는 문재인 정부까지 한국 정부의 형태를 정리한 것이다.

○ 역대 대한민국 정부 형태

역대 국회	정부 형태	집권정당	역대 국회	정부 형태	집권정당
제13대	분점	노태우 민정당	제17대	단점	노무현 열린우리당
	단점			분점	
제14대	분점	노태우 민자당			이명박 한나라당
	단점		제18대	단점	
제15대	분점	김영삼 신한국당	제19대	단점	
	단점				이명박·박근혜 새누리당
	분점	김대중 국민회의			
	단점		제20대	분점	
제16대	분점	노무현 새천년민주당			문재인 더불어민주당
		노무현 열린우리당	제21대	단점	

❙ 위 표의 단점은 집권여당이 과반수(150석 이상 혹은 의석점유율 50% 이상)를 차지한 경우를 의미한다. 그 이외는 모두 분점으로 간주했다.

위의 표는 각 정부 형태의 기간이 적혀 있지 않지만, 이명박 정부처럼 집권 초기에 2개월 정도 아주 짧은 기간 동안만 분점 상태였던 경우도 모두 분점정부로 표시하였다. 사실상 단점정부였다고 보는 것이 더 정확하다. 이렇게 본다면 김용호가 책을 낸 2003년 무렵, 즉 노무현 정부를 기점으로 추세가 바뀌는 모습이 나타난다. 김용호는 앞으로의 정치구조가 분점정부 위주로 재편될 것이라 예상했던 데 반해, 실제 역사 전개는 그와는 반대 방향으로 나아갔다. 단점정부로서의 권위주의 체제가 붕괴된 뒤 1987~2002년까지의 짧은 기간 동안만 분점정부 상태가 지속되었고, 그 이후에는 다시금 단점정부로 이행하고 있음을 확인할 수 있다. 사실상 박근혜 정부 말기의 정권 붕괴 과정에서 나타난 다당제적 상황을 제외하면 거의 예외 없이 노무현 정부 이후 이명박, 박근혜, 문재인 정부 등이 모두 사실상 단점정부 상태였다는 점을 확인할 수 있다. 즉, 1948년 이후 한국 정당정치 전개는 '단점정부→분점정부→단점정부' 형태를 지니고 있다.

이러한 현상이 나타나게 된 원인이 무수히 많겠지만 이 책은 그 주요 동력으로 '지역주의'의 변화에 대해 논하려 한다. 권위주의 체제의 해체 이후에 치러진 네 번의 총선(1988년, 1992년, 1996년, 2000년)에서 예외 없이 모든 집권여당이 의석수 과반수 확보에 실패했던 이유는 민주화 이후의 갈등구조가 지역주의를 축으로 진행되었기 때문이 아닌가 한다. 지역주의에 따라 각 지역을 대표하는 여러 정당이 출현할 수밖에 없었고, 이들 정당 간의 이합집산 속에서 정국운영이 결정되기 때문에 상대적으로 분점정부가 출현할 가능성이 높아졌다고 봐야 하지 않을까. 이런 상황에서 분점정부 상태를 극복하기 위해서는 지역주의 정당들 간의 '협력'과 '연대'가 필수이다. 집권여당으로서는 정계를 인위적으로 재편하여 여소야대 상황을 돌파하려는 유인이 생길 수밖에 없다.

그 대표적인 현상이 바로 '3당 합당'이다. 노태우는 제13대 총선 이후 125석(41.8%)의 여소야대 상황을 돌파하기 위해 민주정의당, 통일민주당, 신민주공화당의 3당 합당을 통해 216석(72.7%)

의 민주자유당을 만들어냈다. 그 결과 김대중의 호남을 포위하는 지역연대가 이뤄졌으며, 단점정부 상태가 구성되어 안정적인 정국 운영이 가능해졌다. 하지만 이러한 협력과 연대는 정치적 상황이 변화하면 언제든지 해소 가능한 것이었기 때문에, 이후의 김영삼 정부 또한 제15대 총선에서 신한국당이 139석(43.5%)밖에 확보 하지 못해 여소야대 상황이 나타나자 곧바로 무소속 의원들을 영 입해 157석(52.5%)의 과반수 확보에 성공하였다. 하지만 대통령 의 이러한 인위적인 정계개편은 김용호가 지적하듯이 정당 간 극 한의 대립을 낳았을 뿐 유권자의 광범위한 지지를 받았다고 하기 는 어려웠다. 게다가 김영삼이 당의 외연확장을 위해 김문수, 이재 오 등의 재야세력과 시민사회 세력을 끌어들이기 시작하며 포퓰리 즘으로 나아가는 계기를 낳았다.

대체로 지역주의 정당에 기초해 대통령에 의한 인위적인 정계 개편과 제세력 간의 이합집산 과정을 거쳐 분점정부 상태를 극복 하고 단점정부 상태로 이행하는 과정이 노무현 정부 이전까지의 상황이었다면, 노무현 정부 집권 이후부터는 이러한 상황이 크게 변모하기 시작했다. 의회 '내부'에서 이합집산과 연대를 통해 분 점정부 상황을 극복하고자 시도했던 때가 삼김시대였다면, 노무현 정부부터는 노사모를 비롯한 광범위한 디지털 포퓰리즘에 기초하 여 의회 '외부'에서 대통령과 강하게 결속된 대중집단이 정당의 의 원들을 압박하여 대통령에게 충성을 바치도록 유도하는 한편 선거 를 주도해 나가기 시작했다.

구체적인 현상의 원인에 대해서는 이견이 있을 수 있지만, 적어도 겉으로 보기에 노무현 정부 이래 한국 정당정치는 좌우 구별없이 광범위한 대중동원과 그에 기초한 대통령의 정당 사조직화현상이 지배적이었다. 분점정부 상태를 극복하기 위한 수단으로 1987~2002년까지는 주로 의회 내부에서 지역주의 정당에 기초한 연대와 협력에 의존했다면, 2002~2023년 현재까지는 의회 외부의 광범위한 대중동원에 기초한 대통령(혹은 정치 지도자)의 정당 사당화(私黨化)가 주요 수단으로 활용되고 있다. 대체적으로 한국 유권자들은 행정부와 입법부 간의 불일치 상태를 거부하며 단점정부 상황을 선호해왔다. 다시 말해서 대통령에게 더 많은 힘을 모아주기 위해 중앙집중화 경향이 나타났던 것이다.

  이러한 단점정부 경향이 대통령을 비롯한 정치 지도자의 정당 사당화 및 광범위한 대중동원에 기초하고 있었기 때문에 좌우의 정치적 대립은 보다 광범위한 대중동원을 시도하는 방향으로 전개될 수밖에 없었다. 단점정부 구성을 위해서라도 정당은 정치 지도자에게 더욱 충성해야 했고, 정당 내부에서 이견이 나타날 수 있는 여지를 줄이기 위해 보다 강하게 '적'과 '아군'을 구별해야 했다. 그러한 경향은 당연하게도 정치적 대립을 극단으로 치닫게 만들었다. 그리고 그만큼 정치 지도자를 향한 권력 집중화가 강해질 수밖에 없었다. 앞서 김부겸, 진중권, 윤평중 등이 파시즘화 경향을 우려하였던 것은 이처럼 정치적 대립이 극단화되는 추세를 고려한 것이었다고 평가할 수 있다.

이러한 추세의 절정이 지난 문재인 정부기에 검찰, 사법부 등의 관료제를 공격하는 방식이 아니었나 한다. 검찰 및 사법부가 지닌 어떤 편향성을 문제시하는 데 동의할 수 있더라도, 검찰의 조국 교수 수사를 유시민 작가와 같이 대통령의 인사권에 대한 개입으로 받아들인다면 검찰개혁의 목적이 달라져버린다. 대통령이 무엇이든 할 수 있는 구조를 만들어내는 게 목표가 되어버리기 때문이다. 체제개혁이 아닌 보나파르티즘을 뒷받침하는 대중운동으로 변질되어버리는 것이다. 또한 문재인과의 경선 과정에서 '혜경궁 김씨 의혹' 등의 다양한 문제를 드러내며 친문 세력의 비토를 받았던 이재명이 대선 패배에도 불구하고 민주당의 확고한 대선후보이자 지도자로 별다른 반발 없이 안착하고 있는 것만 보아도 정치적 대립의 조성과 그에 따른 정치 지도자로의 권력집중 현상이 얼마나 순조롭게 이루어지는지를 알 수 있다. 다시 말해서 1장에서 다루었던 보나파르티즘은 2장에서 다룬 단점정부의 형성을 향한 대중운동에 기초해서 작동한다.

전제주의는 파시즘과 어떻게 다른가

하지만 그렇다고 해서 이러한 현상을 '파시즘'이라 해야 하는가? 예컨대 진중권 교수는 문재인 정부와 더불어민주당을 진보가 아닌 전체주의로 규정하고, '나와 의견이 다르면 모두 적'이라는 프레임에 따라 다른 이야기를 하지 못하게 입을 막고 있으니 "이것이 전체주의가 아니면 무엇이냐"고 주장했다.[✦] 대체로 이런 주장을 하는 이들은 정치 지도자에 대한 과도한 충성경쟁과 광범위한 대중동원 현상에 주목하여 대중운동 자체를 부정적으로 평가하는 논리를 바탕으로 한다. 그 논리적 기반은 허약하다 하지 않을 수 없다. 대표적으로 진중권의 민주당 비판을 도식적으로 정리하면 대단히 단순하다.

과거 진중권은 『네 무덤에 침을 뱉으마』에서 '파시즘 미학'을 신랄하게 비판하며 북조선의 주체사상, 조갑제의 박정희주의, 일본 천황제 파시즘 등의 사상들이 모두 전체주의와 동일한 논리에 기초하고 있다는 점을 논증하였다.[✦✦] 다시 말해서 진중권의 민주당 비판은 'NL 주체사상파(운동권)=조갑제=일본 천황제 파시즘=나치즘=전체주의 등'의 논리적 연쇄에 기초한다. 그가 주장하듯이 문재인의 민주당이 노무현의 민주당과 달리 자유주의적 정당이 아니라 전체주의적인 파시즘 정당으로 바뀌기 위해서는 민주당이 NL 주사파의 문화에 잠식되어 있어야 한다. 민주당=NL운동권=조갑제=일본 천황제 파시즘=파시즘=전체주의 … 등의 논리적 등가가 성립하는 것이다. 어떠한 근거에서 민주당이 정말로 NL 운

✦   관련 기사 : 진중권 "어느 대통령도 文처럼 신격화되지 않아⋯NL의 꼭두각시", 아시아경제, 2020년 11월 22일, https://www.asiae.co.kr/article/2020112217202063633
✦✦ 진중권, 『네 무덤에 침을 뱉으마 1,2』, 개마고원, 1998.

동권의 문화에 잠식되었는가는 전혀 설명하고 있지 않다. 마찬가지로 광범위한 대중동원의 의미도 제대로 규명하지 못한다. 진중권의 설명에 따르면 본인이 '진보신당 칼라TV'를 진행하며 참여했던 2008년 광우병 촛불집회는 새로운 놀이문화에 기초한 대중참여 형태이지만, 민주당이 주도한 서초동 촛불집회는 NL 운동권 문화의 잔재이자 파시즘이다. 그때나 지금이나 형식에서나 내용에서나 촛불시위는 별다른 차이가 없지만 진중권 개인의 호오에 따라 자의적으로 그 성격이 규정된다.

마찬가지로 진중권과 함께 '조국흑서' 팀에 참여한 권경애 또한 문재인 정부의 광범위한 대중동원을 파시즘으로 규정한다. 『무법의 시간』이라는 저작에서 그녀는 로버트 O. 팩스턴의 『파시즘』[*]을 인용하여 문재인 정부가 파시즘 단계에 들어섰다고 주장한다.[**] 어떻게 파시즘 정권이 선거에서 패했다고 순순히 정권을 내놓고 물러나서 다음 정부에게 각종 수사를 당할 수 있는지 이해하기 어렵다. 대중운동 자체가 곧 파시즘이 아니라는 기본적인 전제조차 제대로 확인하지 않았기에 이런 식의 자의적인 개념규정이 이루어질 수 있었다.

그럼 파시즘은 대체 무엇이며 앞서 우리가 다룬 내용들과 어떻게 연결되는가? 앞서 헌팅턴의 민주화 물결론을 인용하여 살펴보

---

[*] 로버트 O. 팩스턴, 『파시즘』, 손명희 외 역, 교양인, 2005.
[**] 권경애, 『무법의 시간』, 천년의상상, 2021.

았듯이 파시즘 현상은 제1차 민주화 역물결에 나타났다. 다시 말해서 제1차 민주화 물결 이후에 그것에 기초하여 나타난 현상이다. 그런 점에서 분명 광범위한 대중동원과 그것의 출현을 가능하게 한 민주주의 정치에 의거하고 있다. 하지만 광범위한 대중동원과 지도자에 대한 충성경쟁 자체가 파시즘일 수는 없다. 대중운동 자체에서 파시즘을 이끌어내는 관점이 문제적인 이유는 그것이 대중들의 자발적인 정치 참여 자체를 부정적으로 평가하는 '엘리트주의'적 편견으로 수렴될 가능성이 있기 때문이다. 급진좌파에서 시작한 진중권이 점차로 사회민주주의로, 자유주의로, 보수로 이동하게 된 것은 대중과 지식인을 대립적으로 파악하는 그의 인식 때문이 아닐까.

팩스턴이 자신의 저작 『파시즘』에서 파시즘의 특질로 꼽은 것은 표준국가 대 특권국가의 대립으로, 마르틴 브로샤트는 이를 '다중지배(多重支配, Polykratie)'라 불렀다.✦ 여기서 다중지배란 국가와 사회의 엄격한 구별을 전제로 성립하는 근대사회의 원칙을 깨고 당, 국가, 사회가 일치되는 '당=국가=사회적 관계'의 형성과정에서 사회를 국가 내부로 흡수하는 바람에(그리고 그 국가는 당에 흡수된다) 사회적 갈등이 국가 내부에서 재현되며 국가의 통일성이 무너져 나타나는 지배방식을 의미한다. 이러한 재현은 표준

✦ 이하의 내용은 마르틴 브로샤트, 히틀러 국가, 김학이 역, 문학과지성사, 2011에 의거하여 작성되었다.

국가와 특권국가의 대립 속에서 나타난다. 합법적으로 구성된 정부 및 기존의 관료조직으로 구성된 표준국가와, 당의 동형 기구(Parallel Structures)로 구성된 특권국가라는 이중적 구조가 파시즘의 특질인 것이다.

팩스턴이 말하는 특권국가는 에른스트 프랭켈의 입론에서 빌려온 것이지만, 실질적 내용은 마르틴 브로샤트의 『히틀러 국가』에서 가져온 것 같다. 이들이 이중국가, 다중지배 등의 개념으로 설명하고자 했던 것은 자기 나름대로 독자적이고 자율적인 기반을 갖게 된 나치당 지도자들이 국가 내부로까지 권력을 확장하면서 공권력을 사유화한 현상이었다. 이들은 밑바닥에서부터 자력으로 독자적인 영역을 개척한 사람들이었기에 히틀러조차도 이들을 직접적으로 통제할 수 없었고, 나치당 중앙당의 명령조차도 곧잘 무시되었다. 봉건영주와도 같은 이들 나치 영수들은 단순히 지방에 독자적 기반을 갖는 것에서 끝나지 않고 히믈러, 괴링 등의 경우에서 알 수 있듯이 아예 새로운 국가기구를 만들어 기존 국가기구들의 기능을 강탈해 자신의 권력기반으로 삼았다. 여기에 더해 나치즘 집권 이전부터 존재했던, 자율적 기반을 가진 노동조합 등의 다양한 사회적 단체들이 나치당의 명령이 먹히지 않는 사회의 자율적 영역을 유지하고 있었다. 이토록 복잡하고 독자적이고 자율적인 영역들이 사회 내에 다양하게 있었기에 이들을 한데 묶을 수 있는 지도자인 히틀러의 카리스마는 국가를 유지시켜주는 아주 중요한 요소였고, 그래서 브로샤트가 굳이 나치 국가를 '히틀러 국가'

라 명명했던 것이다. 소련국가사회주의를 '스탈린 국가'라 부르지 않는 것과 달리 말이다.

브로샤트가 지적하듯이 바로 여기에 파시즘 국가가 지니는 놀라운 역동성의 비밀이 있다. 자신의 자율적 영역을 총통, 두체 등의 카리스마 넘치는 지도자에게 인정받을 수만 있다면 내부에서 무슨 짓을 하든 상관없었다. 그런 무제한적 허용이 기존의 표준국가에서는 이루어지지 못했던 온갖 규제, 제한 등의 철폐로 이어지면서 놀라울 정도의 효율성과 성과를 보여주었다. 항시적 대중동원과 열광적인 대중 지지 속에서 누구나 그것이 허용만 된다면, 자신이 꿈꿔왔던 모든 것을 무제한적인 자원활용을 통해 이뤄낼 수 있는 꿈의 나라가 바로 파시즘 국가였다. 이것이 파시즘 국가의 매력으로 작용해 다시금 더 큰 대중의 열광적인 지지로 이어지며 표준국가의 해체, 근대국가의 완전한 해체로 귀결된다. 그런 의미에서 대중이 국가의 해체를 추동했다고 할 수 있는 것이다. 즉, 파시즘이란 사실상 대중이 국가의 해체를 추동하는 현상이다.

여기서 한 가지 짚고 넘어가야 할 점은 파시즘 연구사는 대단히 복잡하고 다양해서 특정한 한 연구의 입장만이 배타적으로 옳다고 할 수 없다는 것이다. 예컨대 팩스턴과 브로샤트는 대중운동과 국가의 관계를 중시하는 편에 속하지만, 반대로 홀로코스트 현상을 다룬 라울 힐베르크의 『홀로코스트 유럽 유대인의 파괴 1, 2』은 표준국가의 관료제 자체가 어떻게 급진화하여 대규모 학살을 실행하게 되었는지를 다룬다는 점에서 파시즘 현상을 표준국가의

'해체'로 보지 않는다.✦ 오히려 더 체계화되고 더 중앙집권화된 '파괴기계'로서 근대국가는 근대적 시민 개개인을 그것의 부품으로 활용하며 급진화하였다.

유대인 문제를 전담하는 국가기구가 존재하지 않는 상황에서 독일인들에게 유대인이라는 '타자'가 주어지자, 그 유대인의 삶과 직간접적으로 연결되어 있는 모든 사회적 영역에서 유대인의 삶 자체를 파괴하고자 하는 급진적인 운동이 일어나게 되었다. 힐베르크는 독일 시민들이 유대인 자체를 제거하는 파괴기계의 부품이 되어 급진화하는, 자가동력의 학살기계로 변모되었다고 본다. 이 파괴기계를 지휘하는 곳이 바로 표준국가의 '관료제'였다. 언뜻 카오스처럼 보이는 히틀러 국가는 힐베르크에 의하면 사실 관료제에 의해 '체계화된 카오스'였으며, 독일 공무원들은 누가 유대인인지 규정하고 분류해 수용소로 보내어 학살하였다. 이런 점에서 파시즘을 근대국가의 해체로, 관료제의 붕괴로 보는 팩스턴의 입장에는 반론의 여지가 많지만, 힐베르크 또한 히틀러 국가가 무정부적이라고 보았다는 점에서는 일치하기 때문에 이 책에서는 팩스턴의 이해를 중심으로 논의를 진행한다.

이와 같은 브로샤트와 팩스턴의 파시즘 이해는 상당히 흥미롭다. 일본의 서양사 연구자 시바타 미치오(柴田三千雄)의 연구에 따

✦   라울 힐베르크, 「홀로코스트 유럽 유대인의 파괴 1, 2」, 김학이 역, 개마고원, 2008.

르면✦ 근대국가 성립 과정에서 시초가 되는 국가형태는 '사단국가(社團國家)'인데, 파시즘 국가는 그 자체로 사단국가로의 복귀처럼 보이기 때문이다. 시바타에 따르면 '사단(社團)'이란 일종의 사회 편제(編制)의 원리이다. 즉, 사단이란 행정, 사법, 조세상의 특권을 국왕에게 인가받고 그 범위 내에서 특권=자유를 보장받는 법인격을 의미한다. 절대주의 왕정의 국왕은 이런 사단을 매개로 하여 인민들을 편제하고 그에 따라 지배하였다. 사실 이미 봉건제 하에서 형성된 길드공동체와 같은 특권적 공동체에 자유(=특권)을 보증해주는 대신 국왕과 국가의 권위를 인정시키는 방식으로 국민경제권 형성과 국가가 포괄하는 영역을 만들어낸 것이다. 당연하게도 이러한 편제 방식은 내부에 일원적인 질서만을 지니지 않고 대단히 복잡한 형태로 조직된다. 이러한 복수의 특권적 집단인 사단들을 대(大)영주로서 국왕이 묶어내어 일정한 질서를 부여한 것이 절대주의 왕정이다.

사단국가가 다른 국가에 대항하여 투쟁하는 와중에 점점 증대되는 비용을 감당하지 못해 좀 더 강한 사회적 결속의 필요성을 느끼게 된다. 보다 강력한 관료제를 형성하여 사단이라는 특권집단을 해소하고 개개인을 동원하고 통제함으로써 국가적 역량을 증진시키는 방향으로 국가체제가 변모하기 시작한다. 시바타에 따르

✦　시바따 미찌오, 『근대세계와 민중운동』, 이광주 외 역, 한벗, 1984.

면 사단국가에서 출발한 근대국가는 광범위한 대중적 기반을 지닌 '명망가 국가'를 거쳐 '국민국가'로 귀결되게 된다. 근대적 국민국가는 사단국가를 전제로 하여 복수의 특권집단들을 내파하며 중앙집권적 관료제로 힘을 집중시키는 과정을 거쳐 형성되었던 것이다.

그런데 팩스턴, 브로샤트 등의 연구에 따르면, 대중이 국가 해체 과정을 추동하는 파시즘은 차츰 근대국가의 관료제적 통일성을 해체시키고 팩스턴이 '작은 총통'과 '두체'들을 수없이 양산한다고 표현한 다중지배적 구조를 만들어낸다. 이는 근대국가의 관료제를 다시금 복수의 특권적 사단(社團)의 연합으로 바꿔놓는 듯한 느낌을 준다. 다시 말해서 근대국가란 사단국가에서 출발하여 파시즘화했다가 다시금 사단국가의 형태로 해소되는 것이다. 근대국가 형성 과정에서 나타난 사단국가가, 그것의 해체 과정에서 다시금 출현한다는 점에서 "역사는 두 번 반복된다"는 헤겔의 말은 이런 현상을 두고 한 것이 아니었을까 하는 생각이 든다.

이미 파시즘을 '대중이 국가 해체를 추동'하는 방식으로 규정한 시점에서, 노무현 이래 윤석열 대통령에 이르기까지 행정부 수반과 정치 지도자에 대한 대중적 지지와 광범위한 대중동원은 파시즘이라 보기 어렵다. 기본적인 방향성 자체가 다르기 때문이다. 파시즘이 국가적 통일성이 대중동원 속에서 해체되는 방향이라면, 한국의 단점정부 형성을 위한 대중동원은 권력의 집중이라는 방향성을 지니고 있다. 서로 반대되는 방향성을 지닌 대중운동을 단지 대중운동이라는 이유로 동일하다 할 수는 없다. 더 큰 문제는 팩스턴의 파시즘론 자체에 있다.

팩스턴은 근대국가를 해체시키는 대중운동으로서의 파시즘화 과정을 5단계로 세분화해 제시하지만, 사실상 그의 논지에서 파시즘화 단계는 단 두 단계밖에 존재하지 않는다. 팩스턴이 "분노를 자양분으로 좌파와 자유주의적 개인주의를 공격한다"고 설명한 파시즘의 1단계는 사실 어느 민주주의 사회에서나 찾아볼 수 있는 현상이다. 슈미트를 굳이 끌고 오지 않더라도 정치에서 적과 아군을 상정하는 일은 매우 중요한 일이고, 그러한 적대의 설정에 따라 분노 등의 여러 감정적 반응들이 나타나고 결집하게 되는 건 어느 사회에서나 일어나는 흔한 현상이다. 이 1단계 탄생에서 출발해 2단계 뿌리내리기, 3단계 권력의 장악, 4단계 권력의 행사, 그리고 마지막 5단계 급진화 혹은 정상화 단계를 거친다. 장황하게 1~5단계로 나눠 설명했지만 사실 1단계에서 4단계까지는 여타의 민주주의 사회에서 흔히 볼 수 있는 집권과정과 집권 이후의 정책 실행 과정이다.

문제는 5단계이다. 팩스턴의 입론에서 가장 문제가 되는 지점이기도 한데, 팩스턴은 기본적으로 파시즘을 국가해체를 대중이 추동하는 과정으로 이해한다. 근대국가 자체가 '표준국가'와 '특권국가'라는 이중국가적 상황에 놓이게 되며, 대중의 열광적인 지지를 등에 업은 지도자와 그 지도자를 뒷받침하는 당 조직들이 특권국가의 표준국가 침해를 정당화하고 추동함으로써 점차 이중국가적 상황이 극단을 향해 치닫게 된다. 나치즘은 이런 파시즘적 상황의 극단에까지 다다른, 그러니까 5단계에서 급진화를 택해 그 너머의 '자멸'에 이르는 과정에까지 최초로 도달했기 때문에 굉장히 중요한 사례이다. 나치즘조차도 그 너머, 그 다음 단계인 파시즘 체제 아래 후계자의 권력 승계 단계까지는 이르지 못했다.

만약 5단계에서 급진화가 아니라 정상화를 택한다면, 다시 말해서 지도자가 혹은 집단적 정치세력이 이중국가적 상황에서 특권국가적 요소들을 제압해 점차로 표준국가가 제 기능을 행할 수 있게 한다면 파시즘은 소멸하게 된다. 팩스턴은 스페인 프랑코 권위주의 체제를 그 한 사례로 든다. 프랑코는 권력을 잡은 이후에 정권 안정을 바랐기 때문에 파시즘화할 수 있는 당 내부 인사들을 숙청하고 대중의 정치참여를 봉쇄하여 권위주의 체제의 안정성을 확보하는 방식으로 정상화하였다. 이런 이유로 팩스턴은 프랑코 권위주의 체제는 파시즘이 아니라고 주장한다.

이처럼 1~4단계가 일반적으로 정권을 장악해서 나타날 수 있는 현상이라고 할 때, 5단계 급진화로의 이행을 선택하지 않는다면 그 정권이 파시즘인지 아닌지 어떻게 판별할 수 있을까? 팩스턴은 파시즘의 1단계 자체가 어느 민주주의 사회에서나 볼 수 있는 지극히 일반적인 현상이라는 점을 인정했다. 그가 보기에 정말로 핵심이 되는 것은, 5단계에서 급진화를 택해 표준국가가 완전히 후퇴해 특권국가가 표준국가를 압도하는 것을 넘어 아예 대체해 통제 불능의 폭주 상황에 놓이는 것이다. 이런 맥락에서 팩스턴이 1~5단계로 세분화한 단계론은 사실상 5단계 이전과 이후라는 두 단계로 나눠서 이해할 수 있다. 다시 말해서 파시즘이란 규정은 4단계의 상황에서 급진화를 택해서 통제불능의 국가해체 상황, 자멸(나치즘의 경우에는 민족공동체의 소멸을 택할 정도의 자멸)에 이를 정도가 되어야 내려질 수 있다. 쉽게 말해서 무엇이 파시즘인지 우리는 언제나 '사후적'으로밖에 알 수가 없다.

사후적으로밖에 알 수 없기에 팩스턴의 파시즘론에 따른다면 지금의 정치적 대립이 아무리 심해지더라도 그것을 파시즘이라 부를 수 없다. 오직 5단계에서 급진화를 택한 다음에 사후적으로 그것이 파시즘이었다 할 수 있는 것이다. 이런 상황에서 파시즘이라는 용어는 지식인들이 자신을 비판하는 대중들을 향해 '욕설'하는 용도로만 사용되게 된다. '문빠', '개딸' 등의 강성 지지층들은 비자유주의적 민주주의와 유사한 성격을 지녔다고 볼 여지가 있을지는 몰라도 파시즘이라 부르기는 어렵다. 김어준 등의 스피커들이 대중들을 선동하여 특정한 방향의 지지를 이끌어내려 노력하고 이에 반대하는 집단들에게 문자폭탄 등의 사적 린치(?)를 유도하는 것은 분명 비자유주의적인 성격을 지닌다고 볼 수 있을 것이다.

한국의 근대정치를 설명하는 틀, 전제주의

하지만 문재인 정부를 비롯한 한국의 '대중동원형 민주주의'가 푸틴주의나 시진핑주의와 같이 국가 폭력을 특정한 권력자의 이해를 위해 동원하는 방식의 신(新)권위주의 체제와 같다고 보기는 어렵다. 다시 말해서 노무현 이후의 한국 정치는 비자유주의적 민주주의와도, 신권위주의와도, 파시즘과도 모두 결을 달리한다. 오히려 이러한 현상에서 주목해야 할 지점은 대중이 자발적으로 행정부 수반을 지지하며 그의 권력행사에 장애물로 작용할 수 있는 요소들을 적극적으로 제거하고자 노력한다는 점이다. 이것은 곧 국가 권력의 무제한적인 확장을 의미한다. 정치적 반대파뿐만 아니라 시민사회를 비롯한 행정부 수반의 권력행사를 견제하고 통제할 여러 사회적 기제(여기에는 관료제의 합리성도 포함된다)가 존재하는 상황을 대중들이 용인하지 않으려 한다는 점이야말로 민주화 이후 한국 정치의 특질이 아닐까 싶다. 이것은 사회에 대한 국가의 우위를 용인할 뿐만 아니라 국가의 적극적인 사회 개입을 대중이 추동하여 시민사회의 자율적이고 국가로부터 독립적인 영역을 줄여 나간다는 점에서 분명 부정적인 현상이다.

이것은 앞서 1장에서 다루었던 '보나파르티즘'과도 다소 차이를 보인다. 본래적인 의미의 보나파르티즘이 대통령이 의회를 우회하여 대중과 연결되고자 하는 '근대적 독재'를 의미한다면, 한국의 대중동원형 민주주의는 지도자 자신보다는 오히려 대중들 스스로가 의회, 정당, 시민단체 등의 사회적 중간지대를 제거하고 대통령과 직접적으로 연결되고자 하기 때문이다. 현상은 분명 보나파르티즘에 속하지만, 형성 방향 자체는 서로 반대된다는 의미에서 보나파르티즘적 성격을 지닌 새로운 정치운동이라 보아야 한다.

이 책에서는 이러한 한국 정치의 특질을 국가와 개인 사이의 중간 영역을 축소시키려 한다는 의미에서 전제주의(專制主義)라 명명하고자 한다. 다시 말해서 한국 정치는 단점정부를 형성하고자 하는 경향이 관철되는 과정에서 보나파르티즘적 성격의 행정부 우위 구도가 나타나고, 그 위에서 전제주의적 특질이 관철되는 독특한 메커니즘을 지니고 있다. 이 모든 현상의 근간에는 단점정부를 유지함으로써 대통령에게 모든 공적 가치를 부여하고자 하는 대중운동이 있다. 그 결과 정부 말기를 기준으로 하면 '단점정부→분점정부→단점정부'의 운동이, 반대로 정부 초기를 기준으로 하면 '분점정부→단점정부→분점정부'의 운동이 반복된다. 이를 정리하면, 한국사회에서 전제주의적 특질이 관철되는 방식은 아래 그림과 같이 최종적으로 대통령 개인에게 모든 사회적·공적 의제가 집중되는 방향으로 나타난다.

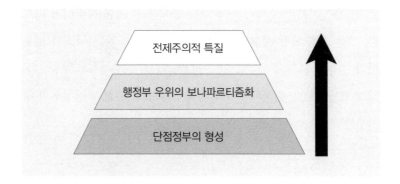

일찍이 헤겔이 『역사철학강의』에서 아시아 사회에서는 오로지 전제군주만 자유롭다고 했다.[+] 이와 같은 주장에 대해 아시아사를 연구한 여러 학자들은 아시아적 전제군주가 유교적 규범, 윤리적 제한 등 여러 규제 아래 놓여 있기에 결코 '홀로' 자유롭지 않았다고 반박하였다. 하지만 헤겔이 말하고자 한 건 그런 의미가 아니었다. 전제군주를 제외한 나머지 모두가 전제군주를 견제하고 있다는 말은 곧 그에게 매여 있다는 걸 의미한다. 그런 의미에서 전제군주는 '홀로' 자유롭다.

헤겔을 비판하는 연구자들이 말한 전제군주에 대한 규제는 본래적인 근대사회와 같이 개인과 공동체의 자유가 의회, 사적 결사체, 정당 등을 매개로 통일되는 과정, 즉 '과정으로서의 정치'가 나타나지 못해 그를 대신하여 전제군주 자체를 윤리적·규범적 규제로 제한하려 한 결과였다. 이보다 더 문제는 전제군주 개인에게 다양한 윤리적·규범적 규제가 가해지면서 최종적으로 그를 통해서만 공적 가치들이 표출되게 되었다는 점이다. 전제군주가 문제적인 까닭은 그가 마구잡이로 권력을 행사하는 '폭군'이라서가 아니라, 그를 통해서만 사회가 스스로를 표현할 수 있게 되었기 때문이다.

마찬가지로 근대정치에서의 전제주의 또한 사회가 행정부의 수

✦　게오르그 빌헬름 프리드리히 헤겔, 『역사철학강의』, 김종호 역, 삼성출판사, 1992.

반에게 매여 있다는 데서 비판점을 찾아야 한다. 우리는 어째서 행정부 수반 하나만 바라보며 살 수밖에 없는가? 왜 그 행정부 수반을 중심으로 이뤄지는 정치에 열광적으로 달려들 수밖에 없는가? 매일 대통령만 바라보고 있다는 점에서 헤겔의 비판은 여전히 유효할지도 모른다. 가지타니 가이와 다카구치 고타가 중국공산당 지배를 묘사하는 '행복한 감시국가'라는 형용모순은 한국 전제주의의 특질에도 해당되는 표현 아닐까.✦ '개딸'과 '윤심(尹心) 감별'이 횡행하는 '행복한 전제주의' 사회 속에서 어디로 가야 하는가.

지금까지 살펴본 바와 같이 노무현 이래 좌우 진영의 광범위한 대중동원과 그에 기초한 정치 지도자로의 권력집중 및 정당의 사당화 현상은 입법부의 역할을 축소시키고 시민사회를 대중동원의 장으로만 활용하며 행정부로의 권력 집중을 추동한다는 점에서 파시즘과도, 신권위주의와도 이질적이다. 본래적 의미의 자유주의적 질서와 상이하다는 점에서는 비자유주의적 민주주의의 범주에 포함될 수 있을지도 모르겠다. 아무튼 전제주의적인 정치구도에서는 제3의 정치세력이 출현하기 쉽지 않다. 한국사회에서는 대중운동이 국가해체를 추동하는 방식의 파시즘이 나타난 적도 없거니와 나타날 가능성도 낮다. 오히려 행정부의 수반인 대통령이 점차 '전제군주'로 변화하고 있으며, 대중운동이 자발적으로 그것을 용인

✦　가지타니 가이·다카구치 고타, 『행복한 감시국가 중국』, 박성민 역, 눌와, 2021.

하고 추동하고 있다는 점이 가장 큰 위협이다.

이러한 상황에서 벗어나기 위해서는 사회에 국가권력이 개입할 수 없는 자율적이고 독자적인 영역이 다수 분포해야 한다. 정당조직 또한 그러한 시민사회의 한 유형이다. 대통령이 정당의 지도자로서 정당을 사당화하는 경향부터 끊어내지 못한다면 한국 정치는 점점 더 전제군주의 지배를 받으며 변질되어 갈 것이다. 파시즘을 욕설로밖에 사용하지 못한다면 이러한 정치적 구조 속에서, 마치 유대인이 학살될 때 그들과 운명을 공유하지 않는 것에 안도하며 계속해서 그림을 그렸던 파블로 피카소나 극본을 썼던 장 폴 사르트르처럼 자아 탐색에 몰두하며 파괴기계에 협력하는 부역자가 될지도 모른다. 무엇이 문제인지 정확하게 인지해야 한다는 의미에서 '파시즘'이라는 말을 욕설로밖에 사용하지 못하는 당신에게 이 글을 바친다.

나는 말했노라. 그리하여 내 영혼을 구했노라

(Dixi et salvavi animam meam).✦

✦ 칼 마르크스, 『프롤레타리아당 강령』, 편집부 역, 소나무, 1989.

보론(補論)

한국의 자유민주주의,
무엇이 문제인가?

이 책 1부의 2장에 해당하는 기고글에 반론이 제기되었다. 크게 두 가지 논점이 있는데, 하나는 대통령에 의한 정당의 '사당화(私黨化)'라는 표현이 현실을 정확하게 묘사하는지의 여부이고, 다른 하나는 '전제주의'라는 표현이 자칫 오리엔탈리즘적인 함의를 지닐 수 있어 경계해야 한다는 것이었다. 보론은 2장의 내용을 보완하는 동시에 시민사회에서 사적 자치의 영역을 운영할 주체인 공동체가 어떻게 성립할 수 있는지에 대해 논의한다. 전제주의적인 국가의 사회개입을 제한하기 위해서는 공동체들 스스로가 자율적 질서를 형성해야 하는데, 그 성립 지표로 다섯 가지를 제시하고 있다. 반론에 대한 답변이기에 구어체로 서술한 점을 양해해 주시기 바란다.

용어의 선택에 관하여

먼저 첫 번째 논점인 대통령에 의한 정당의 사당화(私黨化)라는 표현이 현실을 정확하게 묘사하는지의 여부에 대해서는 질문하신 의도와 맥락을 충분히 이해합니다. 왜냐하면 저도 이 글을 쓰면서 사당화(私黨化)라는 표현을 사용해야 하는지 의문을 품고 있었기 때문입니다. 사당화라는 표현 자체는 일상적으로 사용하는 의미와 학술적으로 사용하는 의미가 중첩되기도 하고 그렇지 않기도 한 모호한 측면이 있습니다.

한 가지 예를 들어보면, 보통 '삼김시대(三金時代)'라 부르는 보스정치가 횡행하면서 문제시되었던 것은 결국 공천권(公薦權)입니다. 조직을 운영하는 과정에서 권력을 행사하기 위해서는 돈줄과 인사권, 이렇게 두 개만 있어도 충분합니다. 자기 사람을 정당 조직 내부에 심어놓을 수 있을 뿐만 아니라 정당의 이름으로 선거에 출마할 수 있게 정하는 권한을 갖는다는 것 자체가 엄청난 힘입니다. 이런 힘을 장악하고 있다면 정당 지도자는 굳이 정당 내부에서 공식적인 직함을 갖지 않고도 막후에서 당을 통제할 수 있습니다. 삼김정치가 무서웠던 이유는 강준만이 어디선가 지적했듯이 '지역주의'를 통해 굳이 공천권을 지니지 않았더라도, 그리고 설사 누군가를 당선시킬 힘까지는 갖지 못하더라도 적어도 누군가를 확실히 떨어뜨릴 힘까지는 갖고 있었기 때문입니다.

학술적인 의미에서 '사당화'라 할 때는 보통 공천권을 지도부가 독점할 뿐만 아니라 그것의 행사를 비밀리에, 소수의 정치 지도자들이 논의하여 결정하는 현상까지 의미합니다. 다시 말해서 사실상 당원 민주주의에 의한 공천과정이 특정 정치인 혹은 정치집단의 의사에 따라 결정되는 '사천(私薦)'으로 대체된 상황을 묘사하는 데 사용되었습니다. 이런 맥락에서 볼 때 과거 보스정치에 비해 현재의 공천과정에서 규제나 제한이 많이 이루어지는 건 분명합니다. 이 사실 자체를 부정하고자 하는 생각은 없습니다.

오히려 제가 지적하고 싶은 점은 사당화의 형태가 바뀌었다는 것입니다. 과거와 같이 비밀리에 소수의 정치 지도자가 공천권을 장악하고 행사하던 보스정치와 달리 어느 순간부터 한국 정당들은 당원보다도 대중정당을 지향하며 당 외부의 사람들이 투표를 통해 후보자를 선출하는 방식을 선호하게 되었습니다. 인터넷 투표와 현장투표 각각에 어느 정도의 가중치를 둘 것인지를 놓고 지난한 논쟁을 하기도 했습니다. 민주당의 경우 대의원, 권리당원의 투표에 가중치를 부여하는 국민참여경선을 거쳐 완전국민경선제(完全國民競選制) 또는 오픈 프라이머리(Open primary)로 방향을 틀었고, 안철수 또한 100% 국민경선제로 치르는 방향으로 나아가야 한다고 작년부터 주장해왔습니다.✦

✦ 예컨대 안철수 당시 국민의힘 의원은 2022년 12월 26일 차기 총선 공천을 '100% 오픈프라이머리(완전국민경선제)' 방식으로 치르는 것에 대해 "긍정적"이라고 밝혔다. 동아일보는 이를 두고 "차기 당대표의 최대 권한으로 꼽는 22대 총선 공천권을 내려놓을 수도 있다는 의미"라고 해석하였다. https://www.donga.com/news/Politics/article/all/20221227/117169600/1

다시 말해서 현재 문제가 되는 건 대중들의 여론에 기초한 '팬클럽 정치'가 정당 내부의 자율성을 제거하고 사실상 대통령을 비롯한 정치 지도자들을 뒷받침하는 '수단'으로 정당을 바꿔놓았다는 점입니다. 당원 중심의 한국 정당 민주주의의 미진함을 지적하고 비판하는 연구들은 넘칠 정도로 많기 때문에 굳이 언급하지 않겠습니다. 정당 내부의 공천권이 개방됨으로써 외적으로는 보다 공개적이고 개방적이며 심지어 민주적이기까지 한 완전국민경선제처럼 보이지만, 그 내부에서는 대중동원에 따른 권력의 집중화 현상, 공천권을 직접적으로 행사하지 않고 특정방향으로 유도하는 정치가 나타나고 있습니다. 이것을 계량화한 지표로 어느 정도의 차이점을 드러낼 수 있을지에 대해서는 다소 회의적이고, 오히려 그것이 어렵다는 데 문제의 본질이 있다고 봅니다.

또 다른 예로는 2004년 이후 한국의 집권여당들이 대부분 대통령과 긴밀하게 연결되어 있었다는 점을 들 수 있습니다. 정당 명칭이 대단히 빈번하게 바뀌었다는 현실만 보아도 알 수 있습니다. 다음 표는 정태일의 《삼김정치 전후 한국정치의 비판적 검토》에 실린 〈그림 9〉를 인용한 것입니다. 이 표를 보면 알 수 있듯이 삼김정치 이후 집권정당은 재임 대통령의 임기 말이나 신임 대통령의 임기 초에 당명 변경 내지 재창당을 통해 대통령을 뒷받침하는 정당으로서만 존재해왔지, 자체적으로 어떤 독자성 및 자립성을 갖추었다 보기는 어렵습니다.

윤석열 대통령도 이런 입장에서 여전히 정당을 자신의 국정운

구분	국회의원선거							
	제17대 국회의원선거 (2004.4.15.)		제18대 국회의원선거 (2008.4.9.)		제19대 국회의원선거 (2012.4.11.)		제20대 국회의원선거 (2016.4.13.)	
정부	노무현 정부		이명박 정부		박근혜 정부		박근혜 정부	
순위	정당명 (대표인물)	의석수	정당명 (대표인물)	의석수	정당명 (대표인물)	의석수	정당명 (대표인물)	의석수
제1당	열린우리당 (노무현)	152	한나라당 (이명박)	153	새누리당 (박근혜)	152	더불어민주당 (문재인)	123
제2당	한나라당 (박근혜)	121	통합민주당 (손학규)	81	민주통합당 (문재인)	127	새누리당 (박근혜)	122
제3당	민주노동당 (권영길)	10	자유선진당 (이회창)	18	통합진보당 (이정희)	13	국민의당 (안철수)	38
제4당	새천년민주당 (한화갑)	9	친박연대 (서청원)	14	자유선진당 (이회창)	5	정의당 (노회찬)	6
합계	299		299		300		300	

| 출처 : 중앙선거관리위원회 선거통계시스템(http://info.nec.go.kr)

영을 뒷받침해주는 수단으로만 다루고 있습니다. 두 가지 사례만 들었지만 기본적으로 이러한 현상을 앞의 삼김시대 보스정치와 구별하여 뭐라 명명해야 좋을까요? 개인적으로 고민해보았지만 여전히 정당을 수단으로 다루고 있다는 점에서 '대통령을 포함한 정치 지도자의 사당화(私黨化)'라 표현했습니다. 군이 정치 지도자의 사당화라고 말한 것은 이러한 현상이 일종의 '구조'적인 것으로 삼김과 같은 특정한 '개인'과 얽혀 나타나는 현상이 아니기 때문입니다. 정치 지도자 개인은 계속해서 교체되겠지만 누가 되었

든 정치 지도자가 되는 순간 그에 대한 지지와 정당의 지원이 뒷받침되는 어떤 구조적 측면이 있기 때문입니다. 그렇기에 본문에서 아래와 같이 문재인과 대립하던 이재명도 당대표에 선출되자마자 곧바로 정당과 지지자들을 얻게 되었다는 측면에 대해 논한 것입니다.

또한 문재인과의 경선 과정에서 '혜경궁 김씨 의혹' 등의 다양한 문제를 드러내며 친문 세력의 비토를 받았던 이재명이 대선 패배에도 불구하고 민주당의 확고한 대선후보이자 지도자로 별다른 반발 없이 안착하고 있는 것만 보아도 정치적 대립의 조성과 그에 따른 정치 지도자로의 권력집중 현상이 얼마나 순조롭게 이루어지는지를 알 수 있다.

분명 정당제도는 보다 공개적이고 과정 또한 투명해졌으며, 개방적이고 민주적이기까지 합니다. 하지만 속을 들여다보면 개선된 지점에도 불구하고 우리가 생각하는 당내 민주주의는 나날이 쇠퇴했습니다. 이 모든 현상은 '단점정부'로의 귀착과 연관되어 있습니다. 정당이 정당조직으로서 자율성과 독립성을 확보하지 못하고 정치 지도자를 뒷받침하는 제도적 기구로 전락하게 되어버린 것이지요.

지표로는 이러한 상황을 정확하게 알아차리기 어려운 측면이 있습니다. 오히려 질적 연구와 함께 수행되어 보완해야 한다고 보입니다. 그러한 예들이 많지만 한 가지만 꼽자면 한국정치학회

(KPSA)가 집단연구로 수행한 "생활정치 활성화와 정당민주주의 실현을 위한 정당제도 개선안"이라는 논문이 좋은 참고가 될 듯합니다. 이 논문에서는 지구당 폐지, 유권자의 정당조직에 대한 저신뢰, 당원의 참여활동 저조 현상, 후원회 문제, 유튜브 및 팟캐스트 등 대안언론매체가 불러온 정치의 개인화 현상 등등의 문제들을 지적하고 있습니다.

다시 돌아와서 이러한 현상들을 어떻게 평가해야 할까요? 사당화(私黨化)라는 표현이 완전히 적절하다고는 생각하지 않지만, 지금까지 위에서 다룬 현상을 논하는 데 사당화라는 표현을 사용하지 않을 수도 없습니다. 여기서의 사당화는 삼김시대 보스정치와 마찬가지로 개인에게 얽매여 있지 않고 오히려 진화하여 일종의 '제도화'가 되었다는 점에서 좀 더 나아간 측면이 있을 텐데, 그것까지 포함하는 개념어로는 무엇이 있을지 잘 모르겠습니다.

역사적 유비가 아닌 사회유형으로서의 전제주의

첫 번째 논점의 맥락과 마찬가지 의미에서 '전제주의(專制主義)'라는 용어는 어떠한 가치평가를 담고 있지 않습니다. 개인적인 이야기지만, 제가 주변의 좌파 혹은 마르크스주의자를 자처하는 이들에게 자주 하는 말이 있는데 '자본주의가 망한다'는 얘기를 하지 말라는 것입니다. 한국 좌파들은 1970~80년대 무렵에 이미 한국 자본주의에 대해 너무나도 부정적인 평가를 내렸기에 그들의 역사관과 세계관에서 한국 자본주의의 자립화와 선진화를 설명할 계기를 끄집어내기 어려워졌습니다. 이 때문에 과거 좌파였던 이들이 대규모로 전향해 뉴라이트라는 새로운 흐름을 만들어내기도 했습니다. 그러한 사례를 알고 있기 때문에 저는 자본주의와 한국의 발전에 대해 부정적인 평가를 내리는 데 다소 보수적인 태도를 취합니다.

설사 부정적으로 평가하더라도 현재 한국의 선진국화 현상을 설명하는 차원에서 할 수 있어야 합니다. 그런 점에서 기본적으로 한국의 민주주의가 나름 공고해졌으며, 언뜻 보기에는 진국 민주주의에 비견될 수준까지, 적어도 지표에 있어서는 도달했다는 점을 인정합니다. 하지만 과연 이것이 정말로 지향하던 민주주의인가에 대해서는 아마 대부분의 인사들이 부정적인 답변을 내놓을 것입니다. 정치적 양극화, 대립 등의 문제는 이미 위에서 언급한 연구들에서도 자주 지적되기에 생략하겠습니다.

일찍이 헤겔이 『역사철학강의』에서 아시아 사회에서는 오로지 전제군주만 자유롭다고 했다. 이와 같은 주장에 대해 아시아사를 연구한 여러 학자들은 아시아적 전제군주가 유교적 규범, 윤리적 제한 등 여러 규제 아래 놓여 있기에 결코 '홀로' 자유롭지 않았다고 반박하였다. 하지만 헤겔이 말하고자 한 건 그런 의미가 아니었다. 전제군주를 제외한 나머지 모두가 전제군주를 견제하고 있다는 말은 곧 그에게 매여 있다는 걸 의미한다. 그런 의미에서 전제군주는 '홀로' 자유롭다.

헤겔을 비판하는 연구자들이 말한 전제군주에 대한 규제는 본래적인 근대 사회와 같이 개인과 공동체의 자유가 의회, 사적 결사체, 정당 등을 매개로 통일되는 과정, 즉 '과정으로서의 정치'가 나타나지 못해 그를 대신하여 전제군주 자체를 윤리적·규범적 규제로 제한하려 한 결과였다. 이보다 더 문제는 전제군주 개인에게 다양한 윤리적·규범적 규제가 가해지면서 최종적으로 그를 통해서만 공적 가치들이 표출되게 되었다는 점이다. 전제군주가 문제적인 까닭은 그가 마구잡이로 권력을 행사하는 '폭군'이라서가 아니라, 그를 통해서만 사회가 스스로를 표현할 수 있게 되었기 때문이다.

굳이 헤겔의 역사철학강의를 언급하며 전제주의에 대해 이렇게 설명한 이유는 아래의 인용문과 같은 '오해'를 미리 견제하기 위함이었습니다.

한국 정치체제의 반민주성, 반자유성이 너무 지나쳐서 (최소한 현재 문제되는 필리핀, 폴란드, 헝가리 급으로) 자유민주주의 국가라고 도저히 칭할 수 없는 수준이면, 한국 정치의 병폐와 더해서 전제주의로 칭하는 게 적합할 수 있습니다.[*]

✦ 김영빈, "혁명읽는사람님의 한국 정치 논평에 대한 두 가지 질문", https://alook.so/posts/eVtRzxe

다시 말해서 '전제주의'는 반(反)민주성 혹은 반(反)자유성이 지나친 현상을 지적하려 사용한 표현이 아닙니다. 그렇다고 한다면 굳이 전제주의라는 표현을 사용하지 않고 권위주의라든지 비자유주의적 민주주의라든지, 아니면 말씀하신 '위임민주주의'라는 개념도 이미 존재합니다. 위임민주주의는 2장에서 언급한, 관료적 권위주의를 개념화한 오도넬이 주조한 개념으로 1974년 이후 제3의 민주화 물결 속에서 나타난 신생국가들의 대통령제 민주주의가 온전한 의미의 대표제라 보기도 그렇다고 권위주의라고 보기도 어려운 상태에 놓인 것을 두고 말한 것입니다. 따라서 한국 민주주의의 선진화를 지적하면서 위임민주주의 개념의 적용을 주장하는 것은 앞뒤가 다소 맞지 않습니다. 한국은 제3의 민주화 물결에 속하는 국가이지만 그럼에도 불구하고 상대적으로 앞서 있기 때문입니다. 오랜 기간 결함 있는 민주주의라는 평가를 받았지만, 거기에는 트럼프 정부기의 미국 등 선진사회도 포함되어 있다는 점에서 너무 층위가 넓은 듯합니다.

앞서 정당구조의 개방, 공개 등을 통해 공천과정이 보다 투명해지고 보다 공개적으로 바뀌었으며 민주성까지 갖췄다지만 실질적인 내용에서는 후퇴하였다는 역설을 지적한 것과 같은 의미에서, 한국 민주주의는 국가와 개인의 중간 영역으로서 시민사회에 속하는 정당의 자율성과 독립성 등을 제한하는 방향으로 나아갔다는 점을 강조하기 위해 '전제주의'라는 표현을 사용하는 것입니다.

헤겔을 다룬 앞서의 인용문에서 지적하였듯이, 전제주의를 흔히 권력자의 자의적이고 무제한적인 권력 행사로 오해해서는 곤란합니다. 역사학자 오항녕이 『조선의 힘』[*]에서 잘 보여주고 있듯이 전근대 전제군주, 특히 유교적인 전제군주는 사족들에 의한 다양한 견제장치가 존재했습니다. 오항녕은 그것을 '문치주의(文治主義)'라 표현합니다. 실상 중국 송왕조 이후 유교화된 지역들은 대부분 언관, 사관 등 언론매체의 성격을 지닌 국가기구와 민간의 사족들이 전제군주를 끊임없이 견제하여 자의적인 권력행사를 어렵게 만든 정치문화를 지니고 있습니다. 민중사 연구로까지 확장되는 이 유교적 정치문화론은 박훈의 사대부화 현상, 조경달의 유교적 정치문화론 등으로 많은 연구가 이뤄진 분야입니다. 즉, 전제주의라 해서 무조건적인 폭력이 난무하는 게 아니라 일정한 견제장치가 존재하는 거죠. 사람 사는 게 다 똑같습니다. 서구적인 의미의 제도화가 되지 않았어도 정치 지도자의 자의성을 문치주의를 통해 견제해왔던 것입니다. 그런 의미에서 언론 자유 등이 대단히 폭넓게 보장된 문치주의는 현대에도 적용될 수 있을 것이고, 언론자유지수가 높다고 해서 문제가 없다는 것을 의미하지는 않습니다.

헤겔이 이것을 몰랐을까요? 그렇지 않다고 봅니다. 이미 18세기

---

[*]   오항녕, 『조선의 힘』, 역사비평사, 2010.

여러 유럽인들은 유교적 전제군주를 계몽군주제의 표상으로 보며 찬양하기도 했고, 전제군주 아래서 만인이 평등한 아시아 사회의 선진성을 지적하기도 했습니다. 헤겔도 그런 조류를 알고 있었기에 그들이 말하는 중국인의 평등성은 진정한 의미의 '자유'에서 비롯된 것이 아니라 '노예의 자유'에 지나지 않는다고 일갈했던 것이고, 마르크스 또한 '총체적 노예제'라는 표현으로 아시아 전제국가를 묘사했던 것입니다. 헤겔과 마르크스가 보기에 이건 개인과 국가 간의 통일성에 의존하여 자유가 확대되는 과정이 아니라 오히려 전제군주에게 사회 전체가 의존하는 총체적 노예 관계에 놓여 있는 것입니다. 이와 같은 아시아 사회의 특질을 해명하기 위해 19세기 유럽 지식인들은 사회 유형을 아시아형과 유럽형으로 나눠서 분석하였고, 마르크스와 엥겔스는 이를 보다 체계화하여 제시하였습니다. 이러한 흐름은 중국사 연구자인 카를 비트포겔(Karl A. Wittfogel) 이래 체계화되어 최근까지도 사회 유형론의 강력한 이론적 기반이 되고 있습니다.

이런 지적 흐름 속에서 아시아적 사회란 유럽적 역사발전과 대비되는 정체적(停滯的)인 사회이며 개인, 자유, 자본주의, 시민사회, 혁명 등의 유럽적 가치가 존재하지 않는 사회이자, 전제국가와 아시아적 공동체가 지배하는 사회를 의미했습니다. 아시아적 사회는 두 가지를 토대로 하고 있었는데, 먼저 유럽과 달리 토지귀족의 대토지 사유가 존재하지 않아 모든 토지를 전제군주가 소유하는 토지국유제가 있습니다. 또한 개인을 공동체 속으로 형해화시킬 뿐만 아니라 공동체 자체는 전제국가의 지배를 받는, 사실상 사회적 중간단체라기보다는 전제국가의 지배수단으로 기능하는 아시아적 공동체도 있습니다. 이렇듯 아시아적 사회에 대한 이론적 파악에는 아시아에 대한 멸시를 드러낼 수 있는 정치적 위험성이 존재합니다.

그것을 경계할 필요는 있지만 사회유형으로서 전제국가론은 나름대로 많은 부분을 설명해주고 있습니다. 개인과 국가 사이에 중간 영역인 (사회)공동체가 존재하지 않는 사회유형이라고 요약할 수 있는 전제국가는, 박훈은 이것을 '군현사회'라 표현합니다만, 사회적 중간단체들의 독자성과 자율성을 형해화하고 '익명'의 개인이 아무렇게나 들어갔다 나올 수 있는 단체로 만들어버리는 경향이 있습니다. 보통 기득권, 특권 등이라 매도하며 중간 영역의 자율성을 박탈해버리지요. 유럽과 일본은 전근대 봉건제 하에서 공동체가 사회적 중간단체로서 광범위하게 존재했던 사회입니다.

이렇게만 말하면 또 오해가 생길 수 있습니다. 사실 사람 사는 게 다 비슷비슷합니다. 전근대 아시아 사회라 해서 공동체가 없는 것도, 개인이 없는 것도 아니었듯이, 대체로 서로 의존하여 무리를 이루고 산다는 의미에서 전근대사회 어느 곳에서나 '공동체'가 존재했고, '개인'도 존재했다 할 수 있을 것입니다. 위의 논의에서 '전근대' 공동체라 하는 것은 보통 다섯 가지 기준을 모두 충족할 때를 의미합니다. 어떤 '인적 결합체'가 공동체로 규정되기 위해서는 다음 조건을 갖추어야 합니다.

1) 구성원 간의 '평등성'. 구성원 상호 간에 권리의무의 일정한 차별은 존재할 수 있어도 한 개인이 타인을 신분적으로 지배해서는 안 됩니다. 이런 의미에서 유럽의 봉건영주조차도 공동체의 한 구성원에 불과했습니다.

2) 공동체의 가입·탈퇴 불가능성. 1)의 전제조건을 전제로 인적 결합체가 자발적인 가입의사와 무관하게 생득적으로 강한 귀속의식을 느끼는 대상이 되어야 합니다.

3) 단체의 법인격성. 이 귀속의식을 전제로 하여 인적 결합체는 하나의 독자적인 권위체 혹은 '법인격'으로서 성립해야 합니다.

4) 공동체 존속을 위한 물적 토대로서의 공동 재산이 필요하며, 그것이 공동체 구성원의 삶과 연결되어 특정한 기능을 수행해야 합니다. 그렇지 않더라도 최소한 공동체의 물적 토대로서의 재산이 존재해야 합니다.

5) 마지막으로 공동체는 공동기능의 존재와 수행이 필수적입니다. 이렇게 해야 하나의 공동체로서 자립적이고 독립적인 영역이 되어 국가조차 함부로 개입하여 해체시키거나 개인이 함부로 이탈, 유입되어 공동체를 형해화하지 못합니다.

이런 조건에서만 인적 결합체가 공동체로 규정될 수 있고, 유럽과 일본은 그러한 공동체들이 다수 존속하며 근대국가로 이행했습니다. 너무 엄격한 개념규정인 듯하지만, 어찌됐든 핵심은 공동체가 국가와 개별적인 개인으로부터 독립하여 자신만의 독자적인 질서를 형성하고 그에 따라 공동체 구성원들을 규율하며, 하나의 집단이라는 귀속의식과 경제적인 토대에 기초해 재생산되는 것을 의미합니다. 가입·탈퇴의 불가능성만 제외한다면 근대적 공동체도 대체로 이러한 개념규정을 따릅니다. 근대적 대표제는 이러한 복수의 공동체, 시민사회의 영역에 기초하여 확장됩니다. 과연 이러한 의미의 공동체가 한국에 존재할까요? 저는 그렇지 않다고 봅니다. 오히려 전제주의적 정치가 그런 공동체가 생길 여지마저 없애버리는 게 한국사회의 특질입니다.

아시아적 특질인 전제주의는 정말로 사라졌는가?

개인적으로 몇 년째 마르크스와 엥겔스의 역사이론에 관한 연구서를 출간하려고 준비 중인데, 원고를 쓸 때만 하더라도 이러한 전제주의적 특질은 정상적인 근대사회의 전개 속에서 사라질 수밖에 없다고 보았습니다. 다시 말해서 전근대 전제주의는 근대화된 현대 한국사회에서 나타날 수가 없다는 것이지요. 그런데 박근혜 이후 문재인, 윤석열 등의 정치를 보면 과연 전제주의가 사라졌다고 볼 수 있는가, 오히려 전제주의는 근대에서도 재생산되는 하나의 현상이 아닌가 하는 의문을 품게 됩니다. 이 확신이 얼마나 설득력 있게 전달될지 알 수 없지만, 그런 관점에서 한국 정치를 비판적으로 검토하고 분석해보려는 게 이 책의 목표입니다.

3장

윤석열 대통령은
사회단체가 왜 존재하는지 모른다

전제주의는 근대적 정치의 한 유형인가? : 전제주의의 비교사

윤석열 정부의 가장 큰 문제는 국가와 시민사회의 관계에 대한 무지가 아닌가 한다. 시민단체들을 두고 무슨 이권 카르텔 운운하는 게 가장 황당하다.[*] 물론 한국 시민단체 중에는 정부 예산으로 운영되는 곳이 많겠지만, 여기서 중요한 건 세금으로 지원해준다는 사실이 아니라 왜 정부가 그런 방식으로 '외주'를 주는가이다.

---

[*] 윤석열 대통령은 2024년 신년사에서 "이권·이념 패거리 카르텔을 반드시 타파하겠다"고 선언하였다. 시민단체 자체가 특정한 목적을 관철하기 위해 조직된 결사체를 의미하는데 그것을 두고 '이념 패거리 카르텔'이라 해버리면 사실상 정당을 포함한 넓은 의미의 사적 결사체 모두를 해체하라는 말과 다르지 않다. '사회적 중간단체'로서의 사적 결사체들을 이리 무시하고 계속해서 "모든 국민", "국민" 등을 호명하는 게 전제주의의 특질인데 윤석열 대통령의 정치는 전제주의적 특질을 아주 잘 드러내고 있다. (관련 기사 : 윤 대통령 신년사 "이권·이념 패거리 카르텔 반드시 타파", 한겨레신문, 2024년 1월 1일, https://www.hani.co.kr/arti/politics/politics_general/1122475.html)

외주를 준다는 말 자체가 시민단체가 해야 할 업무와 영역이 이미 존재하고, 그것을 그들에게 '외주'를 준다는 걸 의미한다. 근대국가가 시민사회의 모든 영역에 개입하기보다는 시민사회에서 자발적으로 조직된 결사체가 제공하는 용역을 일종의 서비스 형태로 구입하는 것이다. 국가가 관료제를 동원해 시민사회에 '직접' 개입하는 것보다는 그 분야에 대해 잘 아는 이들에게 외주를 주는 것이 결과적으로 국가의 전체 역량이 커지게 된다.

헤겔이 『법철학강요』에서 근대사회가 발전하면 할수록 더 많은 세금을 요구하지만, 그것의 지불은 노예라는 증표가 아니라 개인의 자유가 확장되는 걸 의미한다고 한 건 이런 맥락에서다. 유럽의 경우에는 이미 19세기 후반에 국가가 시민단체를 통해서든 직접적으로든 사회와 점점 더 강하게 결속되는 현상이 나타났고, 1920년대 이후 카를 슈미트가 이를 '전체국가(der totale Staat, Total State)'라 부르며 화두로 삼았다. 이러한 현상은 '근대국가'와 '시민사회', 즉 정치와 경제가 '분리'되어 있다는 점을 전제로 한다. 중세 이후 근대로의 이행 과정이 정치와 경제의 분리를 완성하는 과정이었다면, 근대 이후의 사회는 다시금 정치와 경제의 분리를 극복하고 통합해 나가는 과정이었던 것이다. 20세기 들어 본격화된, 국가와 시민사회가 점점 더 강하게 결합하는 이러한 현상에 대해, 달리 표현하자면 정치와 경제의 분리라는 '경계'가 희미해지는 상황에 대해 독일 사상계는 두 가지 방향으로 대응하였다.

Make 'State' Great Again!
('국가'를 다시 위대하게 만들자!)

슈미트는 사회가 국가와 강하게 결합된 전체국가에서는 문화, 예술, 경제 등과 구별되는 '정치적인 것'이 국가와 등치될 수 없게 되어버렸다고 주장한다. 국가와 사회가 서로 침투하여 융합되어 있기 때문이다. 18세기 절대주의 국가와 19세기 자유주의적 중성국가를 거쳐 성립된 20세기 전체국가는 19세기 자유주의가 만들어놓은 '정치권력의 중립성'과 '국가와 사회의 분할'을 해소할 것이라고 보았다는 점에서 슈미트는 분명 전체국가에 친화적인 입장이었다. 그렇지만 그가 전체주의를 옹호한 건 아니고 그의 본의는 '전체국가에서 어떻게 개인의 자유가 확립될 수 있는가'였다고 생각된다. 이탈리아 파시즘 운동, 독일 나치즘 등의 전체주의 운동을 계기로 하여 전체국가를 깊게 고민한 건 맞지만, 전체주의와 전체국가 자체가 등치되지는 않는다.✦

슈미트가 보기에 전체국가는 19세기 자유주의가 가져온 모순을 해소할 수 있다. 그렇다면 그 모순은 무엇인가? 바로 국가와 경제의 분리라는 이원구조이다. 마르크스 식으로 말하자면 '정치사회'

✦ 이하의 내용은 주로 카를 슈미트, 『정치적인 것의 개념』, 김효전 외 역, 살림, 2012; 『카를 슈미트 헌법과 정치』, 김효전 역, 산지니, 2020에 실린 저작들 및 權寧禹의 논문, "슈미트의 理念國家와 全體國家"(한국정치연구, Vol.7, 1997, pp. 91-114)에 기초한다.

와 '시민사회'의 분리였다. 슈미트에 따르면 20세기 전체국가 이전의 국가는 대단히 강력한 존재로, 그러한 강력함에 힘입어 사회 위에서 군림하거나 사회와 병립하며 종교, 경제 등의 다양한 분야들에 대해 중립적인 입장을 취함으로써 그것들로부터 자율성을 확보할 수 있었다. 그러한 자율성에 기초하여 정치적인 것과 국가가 일치할 수 있었던 것이다. 하지만 19세기 자유주의에 입각한 중성국가는 의회정치제도를 매개로 정치적 토론과 여론에 기초하여 발전하며, 바로 그 중립적인 성격에 기초해 온갖 정치세력들을 다 의회와 공론장으로 끌어들였다. 입법기구라는 통로를 통해서 사회는 국가 속으로 침투할 수 있었고, 그 결과로 '정치사회=국가', '시민사회=경제영역'이라는 구별이 사라지게 되었다. 국가는 모든 사회적 영역, 인간생활 전반에 개입할 수 있게 되었고, 바로 그 지점에서 '국가=사회'라는 동일성이 나타나게 된다. 전체국가란 이러한 동일성에 입각하여 성립하는 국가이다.

그런데 19세기 자유주의적 중성국가를 번창하게 했던 정치적 다원주의가 역설적이게도 자유주의와 민주주의의 평화로운 결합 조건을 해체시켰다. 바로 국민의 정치적 동질성이 무너지게 된 것이다. 앞서 지적했듯이 입법기구라는 통로로 다양한 사회 세력들이 국가 내부로 쏟아져 들어왔으며, 동질성에 기초한 공동체는 산산이 흩어지고 분열하여 사회주의, 파시즘, 자유주의 등의 온갖 정치적 분파로 나눠지게 되었다. 의회는 민족공동체를 통합하는 기능을 상실하여 다원화된 정치세력들이 관직을 나눠먹는 무대가 되었고, 인민들은 국가가 아닌 자신이 지지하는 특정 정당에 대한 충성을 맹세하게 되었으며, 국가 그 자체는 이제 정당들의 약탈대상으로 전락하였다. 이처럼 19세기 자유주의적 중성국가는 이미 해체되어 '국가=사회'라는 동일성에 기초한 전체국가로 이행한 상황에도 불구하고 여전히 정치제도는 의회제도 및 정당제도에 기초하여 운영되고 있었다. 이런 '괴리'가 초래한 파국적 상황을 극복하기 위해 슈미트는 자유주의가 민주주의와 평화롭게 공존하던 시대는 끝났고 자유주의에 의해 초래된 정치적 다원주의와 인민분열로 인해 중립국가의 역사적 의의가 사라지게 되었다고 주장하며 대대적인 개혁을 촉구한다.

슈미트가 보기에 의회와 자유주의는 대중사회 속에서 여러 이질적인 정치집단으로 분열된 민주주의 상황을 감당할 수 없을 뿐만 아니라 도리어 분열을 조장하고 있었다. 그렇다면 정치적 다원주의를, 사회의 분열을 극복하고 어떻게 다시금 동질성을 회복할 수 있는가? 슈미트는 히틀러의 나치즘에서 민족적이고 인종적인 동질성을 확보하고, 지도자에 대한 대중의 충성과 지도자의 카리스마에 입각한 하나의 '공동체'를 건설할 기획을 발견한다. 그는 독일이 잘 조직된 관료제, 나치즘 일당독재에 의해 이뤄지는 정치, 그리고 직능단체들의 매개에 의해 이뤄지는 행정이 히틀러의 '카리스마'를 매개로 하나로 통합되어야 한다고 보았다. 그런 의미에서 전체국가는 민족공동체의 완전한 통일을 전제로 하면서도 동시에 그것의 산물이 된다. 그렇게 다시금 '강력한 국가'를 재건하는 것으로 17~18세기 절대국가에서 출발하여 19세기 중성국가로 약화되었던 근대국가는 20세기에 다시금 경제에 대한 정치의 우위성을 회복하며 재건되게 된다. 고차원적 회복으로서 국가의 변증법적 운동이 나타난다.

이러한 '강력한 국가'는 사회 전반에 개입하고 장악한다는 의미에서 전체(全體)국가가 된다. 그리고 전체국가는 개체적 존재로서 안정적인 재생산을 위해 내부에 위협적인 반(反)국가 세력이 존재하는 것을 용납하지 않는다. '적과 아군'의 구별이라는 우적(友敵) 구별 테제가 바로 여기서 나타난다. 전체국가는, 더 나아가 국가는 본질적으로 적과 아군의 구별을 전제로 하여 자신을 위협하는 집단을 제거함으로써 적과 아군의 대립이 혁명적인 사태, 다시 말해서 전면적인 내전 발발로 이어지지 않게 방지해야 한다. 그래야 질서 있는 안정적인 평시상태가 유지되며, 법규범 및 법률에 의한 시민사회의 규율과 국가 자체의 존립이 가능해지기 때문이다. 즉, 국가에게는 법과 국가의 자기존속을 위한 전제로서 '우적'의 구별이 가장 중요한 기능이다. 이념이 없는 국가는 국가가 아니다! 슈미트가 보기에 20세기 바이마르 공화국은 국가가 갖고 있어야 할 '우적 구별', 즉 정치적 기능을 사회에 빼앗긴 상태였으며, 그것이 바이마르 공화국이 보여준 극한의 혼란과 대립의 원인이었다. 그렇기에 그는 '정치적인 것'의 개념을 다시금 되짚어보며 안정과 질서를 가져다줄 강력한 국가, 모든 폭력과 권력을 독점하여 사회 위에서 군림하며 자신의 '적(敵)'을 선포하고 제거하는 국가를 바란 것이다.

한국은 이미 박근혜 정부 때 통합진보당을 해산시킴으로써 슈미트가 바란 그런 국가가 되었다. 슈미트를 전공한 김효전이 통합진보당의 해산을 바라는 성명서를 낸 게 우연이 아니다.✦

슈미트의 주장을 마르크스적 의미에서 쉽게 풀이해보면, 마르크스가 보기에 전근대사회에서는 '경제외적 강제'와 '경제적 강제'가 통합되어 있었다. 예컨대 중세 영주를 생각해보면 경제외적 강제로서 폭력을 통해 농민을 수탈하였다. 오늘날의 자본가가 노동자를 수탈하듯이 경제적 강제, 즉 '계약'의 형태로 양측의 자발성(이라는 외피)에 기초하여 수탈한 것이 아니라, 경제외적 강제로서 신분제적 수탈과 착취를 통해 권력을 행사했던 것이다. 그것이 점차 신분에서 해방된 자유인들 간의 계약적 관계에 의한 착취, 즉 경제적 강제로 전환되면서 정치사회와 시민사회가 구별되게 된 것이다. 슈미트는 이러한 구별이 끝내 국가를 약화시켰고, 사회에 의한 국가의 '형해화'가 이루어졌다고 진단한다. 그렇기에 그는 다시금 국가가 강력해져서 사회 위에서 군림하고 경제에서도 우위를 차지하기를 바랐다. 마르크스 식으로 표현하자면 국가의 경제외적

✦ 김효전 교수는 통합진보당의 해산을 촉구하는 다음과 같은 내용의 선언문을 발표하였다. "'자유의 적에 대한 자유는 없다'는 말처럼 자유와 민주주의를 가장하여 대한민국의 기본원리의 하나인 '자유민주주의'를 파괴하려는 정당은 헌법위반으로서 해산되어야 한다. 또한 자유민주적 기본질서를 공격하기 위해서 기본권을 남용하는 자에 대해서는 독일 기본법 제18조의 규정처럼 기본권의 효력을 상실하도록 하여야 할 것이다."(관련 기사 : 헌법과 정당의 해산, 헌법을생각하는변호사모임, 2014년 2월 24일, https://www.law717.org/client/statement/viw.asp?idx=105)

강제 기능이 회복되기를 바란 것이다.

이러한 슈미트의 주장은 마르크스적 입장에서 볼 때 사회 변화를 인정하지 않으려는 대단히 '반동적'인 입장일 수밖에 없다. 기나긴 인류사에서 개별적인 인간을 상대로 가장 강력한 힘을 발휘했던 건 '군대'라는 조직이었다. 먼 옛날부터 인간이 유일하게 조직화할 수 있었던 집단이 바로 군대였다. 이러한 군사적 폭력성에 기초한 전근대적인 착취는 점차 시장경제가 발전하고 자본주의를 통해 대규모 기업체로 노동력이 조직화되자 사라지게 된다. 국가가 정치적 폭력을 통해 조직할 수 있던 영역이 관료제와 상비군 외에 존재하지 않는 방향으로 후퇴한 것이다. 그리고 그러한 후퇴에 기초하여 정치 영역은 국가로 집중시켜 인정하면서도, 그 외의 영역에서는 국가의 개입을 견제하는 시민사회 영역이 성립할 수 있었다. 그것이 앞서 보았던 19세기 자유주의적 중성국가, 야경국가 등으로 불리는 국가의 출현이었다.

이와 같은 정치와 경제의 분리를 해소하기 위해 슈미트가 국가를 다시금 강화하여 '정치에 의한 경제 흡수'를 지향한 것과는 달리, 마르크스는 '국가소멸(=정치사회의 소멸)'과 시민사회의 '공동체적 재편'으로 해소하고자 하였다. 정치의 우위를 주장하는 슈미트와 경제의 우위를 주장하는 마르크스(주의)는 필연적으로 대립할 수밖에 없었다. 이 지점에서 계급사회에서 사회주의의 진정한 적은 허약한 부르주아적 자유주의자들이 아니라 역시나 '보수주의자'와 '파시스트'라는 점을 다시금 확인할 수 있다.

공론장과 생활세계에 적극적인 참여를 유도하자

카를 슈미트가 근대국가와 시민사회의 융합 속에서 근대국가의 몰락을 느꼈다면, 반대로 근대국가와 시민사회의 강한 결속에서 시민사회의 몰락을 읽어내고 우려한 이론가가 바로 위르겐 하버마스였다. 하버마스의 '공론장(public sphere)' 개념은 일반적으로 굉장히 자주 사용되지만 정확하게 사용되지는 않는 듯하다. 예전부터 참으로 의아하게 여기던 일이 개인 SNS의 글을 두고 공론장 운운하는 현상이었다. 사적인 용도의 개인 SNS가 지니는 파급력이 크다는 점을 인정한다 하더라도, 그것이 곧 '개인 SNS도 공론장이다'라는 의미는 아니다. 생각보다 이런 일이 잦다. 어느 논객이 자신의 언론매체 기고글들을 두고 공론장 운운하길래, 하버마스의 공론장 개념에서 대중언론매체는 기본적으로 시민들을 정치적 영역에서 배제해 공론장의 재봉건화를 낳았다고 비난받는 집단 중 하나인데 거기에 글을 올렸다고 공론장 운운하는 건 동의하기 어렵다고 비판했던 적이 있다. 그는 넓은 의미에서 SNS조차 공론장에 해당된다고 생각한다는 말만 반복했다.

기본적으로 하버마스의 공론장 개념에서 중시되는 것은, 공동체의 통합기제에서 전근대처럼 전통, 관습, 중세의 신적인 권위 등에 의존하지 않고 다른 형태로 시민사회를 통합해 하나의 '공동체'로 기능할 수 있게 만드는 역할이다. 요즈음 SNS가 공동체를 통합하는가, 숙의가 가능한 공간인가, 문자매체를 매개로 모인 사적 개인들을 '공중'으로 조직할 수 있는가, 담론의 질이 높은가, 그것도 아니라면 SNS에서 한 논의가 민족공동체의 '일반의지'를 대표하는가. 이 모든 질문에 부정적으로 답할 수밖에 없는 게 현실이다. '공론장', '여론' 등의 개념들이 포퓰리즘과 결합하지 않고 구별될 수 있으려면 의회 등 제도화된 매개형식과 함께 생활세계에서 개념적 제한이 이루어져야 한다.

　하버마스가 『공론장의 구조변동』[✦]에서 18~19세기 부르주아 공론장의 등장과 변화를 다룰 때 가장 중요하다 생각되는 지점은 바로 '의회'의 역할이다. 정치클럽에서 시작된 18~19세기 부르주아적 공론장은 점차 확대되어 끝내는 절대왕정을 폐지하고 의회에 진출하여 정치권력을 장악하기에 이른다. 사적이고 개별적인 논의들이 여러 매개작용을 거쳐 공동체의 '일반의지'를 자임할 수 있게 될 때 비로소 부르주아적 공론장은 절대왕정마저 철폐하게 된다. 그런 의미에서 하버마스는 대의제 기구로의 진출을 대단히 중요하게 다루는데, 그래야지만 공론장이 '포퓰리즘(=민중주의)'과 변별될 수 있기 때문이다. 개인들이 자기가 하고 싶은 대로 다 말한다고 여론이 되는 게 아니다. 헤겔이 『법철학강요』에서 거듭 강조하듯이 그것이 합리성을 갖추기 위해서는 제도화된 형식의 매개작용을 거쳐야만 한다.

✦　위르겐 하버마스, 「공론장의 구조변동」, 한승완 역, 나남출판, 2004.

공론장이 공론장으로서 제대로 기능하기 위해서는 단순히 여론을 형성하는 것에 그쳐서는 안 된다. 다양한 결사체 등으로 구성된 시민사회에서 제기된 의견들이 공론장을 매개로 걸러지고, 그 공론장이 의회를 매개로 하여 법을 통해 관철되는 '의사소통적 권력'으로 전환되어 '행정권력'에 영향을 끼쳐야 한다. 유권자들의 선거 행위나 의회 및 행정체계 등의 제도화된 의사결정 과정에서 여론을 통해 개입하여 영향력을 행사함으로써 비로소 의사소통적 영향력이 정치권력화되는 것이다. 그게 아니라면 민중주의, 달리 표현하자면 여론에 의한 포퓰리즘으로 타락하게 된다. 무정형의 대중들이 의견을 형성하는 인터넷 공간이 아니라 의회라는 적법한 제도에 의해 여과되고 또 여과된 공론만이 의사소통적 권력으로 전환될 수 있는 것이다.✦

이와 같은 하버마스의 주장의 근간에는 포퓰리즘 비판도 물론 있지만, 그것보다는 오히려 강고한 형태로 존재하는 행정권력의 정당성을 의사소통적 권력이 검증하고 견제할 수 있어야 비로소 민주주의가 제대로 기능할 수 있다는 인식이 전제되어 있다. 만약 공론장을 매개로 형성된 의사소통적 권력이 행정권력을 견제하고 규제하지 못한다면 엄밀하게 말해서 인민의 의지는 정치체제 및 행정에 반영되지 못할 것이고, 그러한 체제를 민주주의라 부르기

✦   위르겐 하버마스, 「사실성과 타당성」, 한상진 외, 나남출판, 2007.

는 어려울 것이다. 하버마스가『후기 자본주의 정당성 문제』[+]에서 제기한 문제도 바로 이것이었다. 복지국가 등이 발전하는 후기 자본주의 사회는 과연 민주적 정당성을 지닌 체제인가? 구속력 있는 법제도가 정당성을 지니려면 시민사회로부터 의회, 선거 등의 여러 제도적 매개를 거친 '공론'의 규제를 받아야만 한다는 게 하버마스의 주장이다.

국가 행정, 법제도 등 여러 제도들이 공론의 규제를 받아야 한다는 주장은 반대로 그러한 규제가 현실에서 제대로 작동하는지 의문스럽다는 의미로 해석할 수 있다. 여기서 하버마스가『의사소통행위이론』[++]에서 이야기한 '생활세계'와 '체계'가 무엇인지 살펴보아야 한다. 그것이 공론장 개념을 규제하는 두 번째 조건이다. 다시 말해서 앞서 의회, 적법한 법제도 등을 매개로 한 '공론장의 의사소통적 권력으로의 전환'이 공론장의 개념 확대를 제한하는 한 가지 요소였다면, 다른 하나는 '생활세계와 체계의 분화'이다.

하버마스의 공론장 개념은 의회, 선거 등 적법한 제도를 매개로 한 '의사소통적 권력'으로의 전환과 함께 생활세계와 체계의 분화에 대한 이해를 전제로 한다. 그에 따르면 생활세계는 사회구성원들이 공유하는 상식, 관습, 전통 등의 상징체계에 의해 구조화된 의미망을 뜻한다. 쉽게 말해서 생활세계란 사회구성원들이 '언어'를

[+]   위르겐 하버마스,『후기 자본주의 정당성 문제』, 임재진 역, 종로서적, 1983.
[++]   위르겐 하버마스,『의사소통행위이론 1,2』, 장춘익 역, 나남출판, 2006.

매개로 하여 일상적으로 경험하는 삶의 영역으로, 한 사회의 사회 문화적인 총체로 인식되는 시공간이라 할 수 있다. 마르크스주의에서 말하는 경제적 의미로서의 삶의 재생산 영역과 구별되는, 의사소통을 통해 하나로 묶인 의미망 또는 연결망 역할을 하는 사회문화적 토대라 할 수 있겠다. 특정 개인이 일방향으로 의지를 관철하는 게 아니라 상호 협력과 규제, 그리고 이해를 전제로 하여 의미망을 형성하기에 상대방의 행위를 비판하거나 견제할 수 있는 '규범력'을 잠재적으로 지니고 있다. 규범을 기준으로 상호비판과 교정이 가능하다. 생활세계를 지탱하는 규범의 강제성이야말로 보편적 합의에 이를 수 있게 하는 '합리성'에 근거하고 있는 셈이다.

하버마스는 이 생활세계를 체계와 대립적으로 파악한다. 하버마스에 따르면, 근대세계에서 사회발전이란 곧 '생활세계의 합리화'를 의미한다. 근대화 진행과정에서 생활세계는 경제적 영역 및 형식적으로 보다 잘 조직된 국가 관료제와 같은 영역과 분리되어 존재하게 된다. 자본주의적 생산의 발전은 그 자체로도 경제 영역에서 합리화와 기능적 전문화를 수반하였을 뿐만 아니라 경제에 대응하는 행정영역에서도 마찬가지 결과를 가져왔다. 경제와 행정 영역에서의 전문화와 합리화는 '언어'를 매개로 한 생활세계 내의 관계와 분리되어 독자적으로 자립하며 그 나름의 형식을 발전시켜 나가게 된다. 그렇게 '화폐'를 매개로 하는 경제영역과 '권력'을 매개로 하는 정치-행정 영역이 독자성을 갖고 생활세계에서 분리되자마자, 이제는 반대로 이 체계들이 나름의 논리에 따라 생활세계를 '침식'하여 '식민화'한다.

하버마스는 보다 본질적으로 생활세계와 체계의 분화를 각각 '의사소통적 행위'와 '도구이성적 행위(=목적합리적 행위)'에 대응시킨다. 프랑크푸르트 학파의 '도구적 이성'에 대한 담론을 하버마스적으로 전유한 결과다. 인간 상호 간의 이해를 목적으로 하는 의사소통적 행위와 달리 도구이성적 행위는 특정 목적의 달성을 목표로 한다는 차이가 있다. 전자가 생활세계 내에서 인간 상호 간의 대화(=공론)를 통해 상호이해에 도달하는 것을 목적으로 하여 공동체의 '통합'에 기여한다면, 후자는 체계 내에서 목표달성을 위한 효율적인 실행에 주관점을 두기에 행정이나 경제적 행위에 적합하다. 서로 전혀 다른 합리성에 기초한 생활세계와 체계 중에서 후기 자본주의적 근대화 과정에서 두드러지게 발전한 것은 바로 후자, 즉 체계의 '도구적 이성(=목적합리성)'이었다.

그 대표적인 예로 하버마스는 후기 자본주의 사회의 복지국가를 꼽으며, 복지국가가 각종 행정 서비스를 시민들에게 제공함으로써 한편으로는 기본권인 사회권을 보장해주었지만, 다른 한편으로는 그들을 서비스를 제공받는 소비자로 전락시켜 정치 참여의 주체라는 지위를 박탈해버렸다고 진단한다. 자본주의적 생산이 낳은 노동소외와 복지국가의 행정력 확대가 낳은 정치참여의 배제는 정치적 주체인 '시민'을 '대중'으로 만들며 당장은 위기에서 벗어나지만, 그러한 과정의 확대재생산은 끊임없이 정당성의 위기를 불러와 체계를 동요시킨다. 즉, 체계가 확대되면서 공론장의 근

간인 생활세계가 축소됨에 따라 정당성의 위기가 나타났다. 이를
해소하기 위해 체계는 다시금 더 큰 규모로 확대재생산될 수밖에
없지만, 그러한 확대재생산 자체가 다시금 생활세계의 더 큰 침식
과 식민화로 이어지며 정당성의 위기가 가속화된다. 그렇다면 해
법은 무엇인가? 바로 생활세계의 식민화를 저지하고, 축소되고 왜
곡된 공론장을 다시금 되살림으로써 체계에 대한 '의사소통적 권
력'의 규제를 강화시켜 나가는 것이다. 그는 이러한 계기를 사회
운동에서 찾고 있다. 생활세계를 침식하는 복지국가 체계에 대항
할 수 있는, 사회운동에 의해 창출되는 (새로운) 공론장의 역할이
중요해진다.

현재도 생존해 있는 하버마스의 사유체계에 시대구분을 적용하
기 민망한 측면이 있지만, 1990년대 이후의 후기 하버마스는 체
계에 의한 생활세계의 침식을 마냥 부정적으로만 보지 않게 되었
다.[+] 그는 구(舊)좌파의 노동운동 및 계급투쟁과 달리 1968년 이후
의 서구 신(新)좌파의 여러 사회운동은 생활세계 축소에 대응하는
다양하고도 즉각적인 반응들로, 체계의 식민화에 대한 가장 직접
적인 저항이 될 수 있다고 주장한다. 새로운 사회운동을 매개로 생
활세계의 저항이 체계의 식민화, 달리 표현하자면 자본주의와 국
가 관료제의 식민화에 대한 직접적인 공격이 될 수 있다는 그의 인

[+]   위르겐 하버마스, 『사실성과 타당성』, 한상진 외, 나남출판, 2007.

식은 체계에 의한 생활세계의 침식이 마냥 일방적으로 이뤄지지는 않으며, 오히려 그러한 억압에서 '해방'의 계기가 나타난다는 데까지 확장되고 있다.

이러한 하버마스의 주장에 대해 우리는 여러 지점에서 반론을 펼칠 수 있다. 윤평중의 지적[*]처럼 하버마스의 주장에서 가장 큰 난점은 의사소통적 행위와 도구이성적 행위를 구별하는 것, 그 자체이다. 하버마스는 의사소통적 행위를 통해 도구이성적 행위의 폐해를 줄여보려고 하는데, 의사소통적 행위와 도구이성적 행위의 관계는 상호의존적일 수 있다. 도구이성적 행위를 통해 효율적인 결과를 도출해내기 위해서라도 이해와 합의를 필수적으로 하는 의사소통적 행위가 전제되어야 하기 때문이다. 다시 말해서 의사소통적 행위를 중시하는 하버마스의 입장과 달리, 실제로는 의사소통적 행위가 도구이성적 행위의 구성요소일 수 있다. 이렇게 본다면 의사소통적 행위에 큰 의미를 부여하는 하버마스의 이론체계는 선험적이라는 비판을 피하기 어렵다.

또한 보다 근본적으로, 어째서 결사체 등 여러 단체들로 구성된 생활세계에서는 이해와 합의를 위해 의사소통적 행위를 해야만 하는가? 이 지점에서 미하일 바흐친의 언어학 개념이 도움이 될 수 있다. 바흐친은 『마르크스주의와 언어철학』에서 도스토예프스키

---

[*] 윤평중, 「논쟁과 담론」, 생각의나무, 2001.

가 『작가일기』에서 말한 일화를 통해 말의 '다성성(多聲性)'을 보여준다. 여섯 명의 직공이 술에 취해 논쟁을 시작했다. 누군가가 "유레카(Eureka, 그래 또는 됐다 등의 의미)!"라는 말을 내뱉었다고 해보자. 그 뒤로 나머지 직공들 모두 똑같이 "유레카!"를 외쳤을 때, 첫 번째 직공의 유레카는 이런 논쟁 따위는 무의미하다는 걸 의미할지 모른다. 그 말을 들은 두 번째 직공이 외친 유레카는 그 말에 동조하지 못하겠다는 의미일지도 모른다. 세 번째 직공의 유레카는 두 번째 직공에 대한 반발에서 나왔을지도 모른다. 모두 동일한 '말'을 발화했지만, 그 발화에 수반되는 억양의 차이에 따라 각각의 의미로 분화된다. 그러한 억양 차이에 따른 발화의 분화는 언어 분석 자체로는 도저히 이해될 수 없는, 언어의 '외부'에서 발원하는 의미가 새롭게 생성되는 과정이다.[+] 말은 이렇듯 억양의 차이만으로도 다양한 사회적 관계를 드러낼 수 있다. 다시 말해서 언어라는 매개체를 통하더라도 그 안에 존재하는 다양한 계급, 계층, 젠더, 지역 등의 차이가 반영되어 전혀 다른 의미를 창출할 수 있다. 이 지점에서 과연 이해와 합의가 가능할 것인가. 이해는 가능하더라도 합의는 할 수 없는 경우도 있지 않은가? 하버마스의 논의에서는 이러한 지난한 설득과정, 감정적 갈등 등이 생략되어 있다.

이처럼 슈미트와 하버마스는 근대국가와 시민사회의 강한 결속,

[+] 바흐찐·볼로쉬노프, 『마르크스주의와 언어철학』, 송기한 역, 한겨레, 1988, pp. 143-144.

즉 '전체국가'의 등장을 전제로 정치의 영역이 점차 소멸되고 있다는 데 인식을 같이한다. 물론 이들은 각각 근대국가가 전체국가로 재편됨으로써 국가가 사회를 압도하기 바라거나, 의회의 공론장을 매개로 한 '의사소통적 권력'으로 전환하여 시민사회가 강력하게 국가를 압도하기를 바란다는 점에서 서로 대립하지만, 적어도 근대국가와 시민사회가 강하게 결합하며 정치적 영역을 축소하고 있다는 데는 동의한다. 대체로 지난 20세기 역사는 근대국가와 시민사회의 강력한 결속이라는 전체국가 현상에 대응해 근대국가를 강화하거나 시민사회를 강화해 나가는 관점이 서로 대립하며 흘러왔다고 해도 과언은 아닐 것이다.

'전체국가'에 대한 한국적 대응으로서의 '전제주의'

얼핏 보면 윤석열 정부의 행태는 슈미트의 '전체국가' 기획과 유사하다. 홍범도 논란에서 알 수 있듯이 국가가 주도하여 '국가의 적'을 선정하고 그와 관련된 모든 것들을 국가의 정체성에서 배제하고 있다.✦ 그러한 행동을 하는 인식 자체도 슈미트의 그것과 유

✦   다음 기사 제목에서 알 수 있듯이 윤석열 대통령은 집권 내내 정치적 반대파를 공산세력 혹은 전체주의 세력이라 지칭하며 '국가의 적'을 제거해야 한다는 식의 발화를 일삼았다. (관련 기사 : 윤 대통령, 국립외교원 찾아 "공산세력, 반일 선동하고 한미일 협력 호도", KBS뉴스, 2023년 9월 1일, https://news.kbs.co.kr/news/pc/view/view.do?ncd=7763183)

사하다. 다시 말해서 공산세력이 선전선동을 행하며 의회라는 통로로 국가에 침투하여 사회를 혼란하게 만들고 국가 정체성을 형해화하며 근대국가를 약화시키고 있다고 윤석열 정부는 생각하는 듯하다. 그렇기에 국가 정체성을 바로 세우고 반(反)국가세력을 제압하여 흔들리지 않는 국가, 더 이상 정신적 내전을 치르지 않는 국가로 만들고자 하는 것이다. 이러한 윤석열 정부의 행태가 슈미트의 전체국가론과 상당히 겹치는 지점이 많고, 공산주의자이자 마르크스주의자를 자처하는 이 책의 정체성상 공산주의와 관련된 모든 걸 배제하겠다는 상황에 상당한 위기감과 위협감을 느끼는 것도 맞다. 하지만 그렇다고 하여 윤석열 정부를 슈미트적 경로를 채택한 '전체주의자' 혹은 '파시스트'라 부르는 건 주저된다.

앞서 2장에서 다룬 파시즘의 개념은 슈미트의 '전체국가'와 곧바로 등치되지는 않을지라도, 적어도 현실에서 근대국가와 시민사회의 융합에 대응하려 하였다는 점에서는 유사한 측면이 있다. 문제는 파시즘의 경우 국가가 보다 적극적으로 시민사회를 흡수하려하였고, 그 과정에서 끝내 시민사회 내에 존재하는 여러 갈등구조들이 종국에는 국가 자체를 분해시켜버렸다는 점이다. 마르크스주의에 따르면, 국가란 사회가 해결할 수 없는 자기 모순에 빠졌으며 자기의 힘으로는 벗어날 수 없는 불상용적인 대립으로 분열되어 있기에, 경제적으로 서로 모순되는 이해관계를 가진 계급들이 무익한 투쟁에서 자신과 사회를 파멸시키지 못하도록 사회의 위에 서 있는 권력 즉 충돌을 완화시켜 '질서'의 한계 내에 유지시키기 위해 성립된 권력이다.✦ 그런데 시민사회의 분열을 전제로 그 분열을 통합하기 위해 사회 '위'에 올라서 있던 국가가 시민사회를 흡수함으로써 시민사회를 대신하게 되자 시민사회의 분열이 국가의 분열을 가져오게 된 현상이 바로 '파시즘'인 것이다.

그런 점에서 윤석열 정부를 파시즘 혹은 전체주의라 규정할 수는 없다. 하지만 분명 전체국가와 행위상 유사한 측면이 있지 않은가? 철 지난 반공주의를 내세우며 근대국가의 시민사회에 대한 우위를 주장하고, 더 나아가 자신의 의도와 맞지 않는 정체성을 지닌 집단들을 공격하며 대중운동을 추동하기 위해 노력하고 있다. 이것을 파시즘 혹은 전체주의가 아니라면 대체 무엇이라 불러야 하는가?

앞서 우리는 정치와 경제의 분리를 극복하는 두 가지 방안, 즉 슈미트식 경로와 하버마스적 경로가 경합한다는 점을 확인하였다. 둘은 정치와 경제의 분리와 재통합이라는 고차원적 회복에 이르는 과정에서 어느 쪽에 초점을 둘 것인지를 놓고 대립하였지, 재통합이라는 방향성 자체를 부정한 것은 아니었다. 하지만 윤석열 정부가 시민단체를 대하는 태도는 그 방향성 자체를 부인하는 제3의 현상이다. 다시 말해서 윤석열 정부의 한국은 현재 국가와 시민단체 사이의 연관관계를 끊어냄으로써 사실상 근대국가와 시민사

✦   프리드리히 엥겔스, 『가족 사유재산 국가의 기원』, 김대웅 역, 아침, 1991, pp. 230-231.

회의 결합고리를 해체하고 있다. 근대국가와 시민사회의 융합 과정이 필연적이라면, 그것을 끊어내고 다시 국가가 시민사회와 분리되어 독자적으로 기능할 수 있는 상태로 만들려고 하는 것은 어떻게 해석해야 하는가? 이미 앞서 이 책은 여러 차례에 걸쳐 그러한 현상을 '전제주의'라 명명하였다. 이상의 내용을 정리하면 아래의 표와 같다.

O 정치사회와 시민사회의 유형

	시민사회 우위성 O	시민사회 우위성 ×
정치사회 우위성 O	마르크스적 사회주의 기획 : 양자의 동시적 우위성 확립으로서 근대사회 지향	슈미트적 전체국가 기획 : 정치사회의 우위에 기초한 시민 사회 흡수
정치사회 우위성 ×	하버마스적 공론장 기획 : 시민사회의 우위에 기초한 정치 사회 견제	한국적 전제주의 기획 : 국가에 의한 정치사회와 시민사회 의 완전한 절단 시도

이 전제주의라는 개념으로 이해해야 한국적 경험을 적확하게 해석할 수 있지 않을까 조심스럽게 전망해본다. 그게 아니라면 왜 저렇게까지 재정건전성에 집착하는지 설명되지 않기 때문이다. 보통의 진보파들은 '신자유주의'적 정치라 설명하려 하는데, 김대중 정부 이후 한국 재정에서 복지지출이 차지하는 비중은 물론 OECD 평균에 비하면 상당히 낮다. GDP 대비 복지지출은 2023년 기준으로 12.3%에 지나지 않기 때문이다(OECD 평균 20.1%의 60% 수준). 하지만 1990년을 기준으로 하였을 때 2019년에는 무려 4.1배

나 증가하여 OECD 전체 중 1위(일본은 2.1배, 미국은 1.42배, 프랑스는 1.27배, 독일은 1.21배)를 차지했으며, 2017~2019년 2년 사이에도 복지지출이 무려 27%나 증가하였다. 여기에 최저임금의 연평균 상승률인 7%까지 더한다면 국가재정 축소와 임금삭감 등을 지표로 하는 신자유주의 개념이 적용되기는 어려울 것이다. 미흡하기는 하나 한국형 복지국가 건설과 최저임금 증대, 노동조합률 상승 등의 과정을 온전히 신자유주의적인 것으로 보기 어렵게 만들기 때문이다.✦

오히려 그보다는 하버마스가 비판하였던 '복지국가'의 측면이 슈미트적 '전체국가'의 특성을 공유하고 있는 형태의 '전제주의'로 보아야 한다. 국가는 시민사회에서 자립하여 조세제도, 국채 등의 경제적 기반을 매개로 한 건전한 재정을 활용하여 시민을 '소비자'로 만들며, 다양한 서비스를 제공하여 자신의 정당성을 확보한다. 그것은 시민사회와의 연결, 그리고 시민사회가 국가에 개입할 여지를 제공하는 정치를 최소화함으로써 시민사회라는 제약에서 탈출하려는 국가의 마지막 시도로 해석될 수 있다. 근대국가가 시민사회와 결합하는 게 필연적인 상황에서 슈미트적 경로는 국가가 시민사회를 내부로 흡수하는 방향을, 하버마스는 반대로 시민사회가 국가에 대한 우위를 보다 확고하게 하는 방향을, 그리고 한국은

✦　김재호, "한국 재정의 유형과 역사적 조건, 1894-2015", 낙성대경제연구소 페이퍼, 2018에 기초하여 이후의 수치를 추가하였다.

근대국가가 시민사회에서 탈출하는 방향을 택한 것이다.

문제는 근대국가의 시민사회로부터의 '탈출'이 얼마나 유효할 것인가 하는 점이다. 그것은 적어도 민주주의는 아닐 것이다. 슈미트적 전체국가는 자유주의는 아닐지라도 분명 민주적인 정당성은 확보하려 노력하였다. 하지만 한국의 전제주의는 정치로부터의 탈출을 지향하기 때문에 민주주의적일 수도 없고, 심지어 자유주의적일 수도 없다. 적어도 민주적 공화정으로서 기능하기 위해서라면 근대국가의 시민사회 탈출을 제어하는 '조직화'가 반드시 필요하다. 그것은 분명 하버마스적 경로에 속하겠지만 앞서 살펴보았던 하버마스의 한계, 즉 계급성이 탈각된 합리성의 확보를 의미하지는 않는다. 오히려 시민사회의 특수한 이해관계를 경유하여 형성된 합리성, 즉 계급을 매개로 한 합리성을 의미한다. 다시 말해서 계급적 정체성에 의해 조정된 '하버마스적 경로'를 택해야 하는 것이다.

전제주의에 맞서는 '비용축소의 정치'를 지향하며

한국의 근대국가는 시민사회에서 벗어나기 위해 정치를 매개로 자신에게 개입할 수 있는 시민단체와 같은 중간 조직들을 배제하거나 파괴함으로써 그러한 중간 조직들이 담당해야 할 '조율' 기능까지도 제거한 결과, 역설적이게도 시민사회 전체를 '법적 판결'이라는 갈등 조정 수단에 의존하게 만들었다. 마르크스주의가 설명했듯이 경제적으로 서로 모순되는 이해관계를 가진 계급들이 무익한 투쟁에서 자신과 사회를 파멸시키지 못하도록 하는 최후의 '조정기구'로서의 역할만 수행하면서 나머지 부대비용 모두를 원자화된 개인들에게 전가하는 것이다. 시민사회에서 멀리 외따로 떨어져 존재하면서 일정한 정도의 복지를 제공하는 것으로 통치의 정당성을 확보해 나가는 한국의 근대국가를 어떻게 다시금 시민사회에, 인민의 의지에 복속시켜 '사회의 종복'으로 만들 것인가? 국가가 떠난 자리에 덩그러니 남겨진 원자화된 개인들의 각자도생이 만들어낸 무간지옥에서 한국인은 과연 언제까지 버틸 수 있을까.

우리에게 필요한 정치는 바로 그러한 개인들이 살아가기 위해 필요한 재생산비용을 최소화하는 정치, '비용축소의 정치'이다. 그러기 위해서는 시민사회에서 탈출을 꾀하는 근대국가의 '전제화', 윤석열 정부의 전제주의 정치를 제어할 수 있는 다양한 결사체를 건설해야 한다. 전제주의에 대한 저항은 개인들의 사적 이해관계를 초월하여 존재하는 추상적인 조직이 어떻게 성립할 수 있는지, 그것들이 어떻게 복수로 존재할 수 있는지에 달려 있다. 이 글은 그러한 실천의 전제조건으로 전제주의의 정확한 인식을 위해 써졌다.

4장

글로벌 중추국가 외교의 가장 큰 한계는 윤석열 대통령이다

전제주의의 한계인 외교영역

윤석열 대통령이 아랍에미리트(UAE)에 파병된 아크부대를 찾아 장병들을 격려하는 도중에 한국의 '형제국가'인 UAE의 안보가 곧 한국의 안보라며, UAE의 적은 이란이라는 말을 덧붙였다. 논리적으로 보았을 때 UAE의 안보가 곧 한국의 안보인데, UAE의 적이 이란이면 한국의 적 또한 이란이라는 말이 된다. 이 같은 발언이 알려지자 이란 정부는 곧장 항의하며 한국 정부의 설명을 기다린다고 통보하였다. 이에 대해 대통령실은 한국 장병들을 격려하기 위한 취지에서 말했을 뿐이지, 별다른 의미가 없다고 답하였다.[*]

✦ 관련 기사 : 'UAE의 적' 윤 대통령 발언에 화난 이란…"역사적 관계 전적으로 모르고 있어", 경향신문, 2023년 1월 17일, https://www.khan.co.kr/article/202301170814001/?utm_source=twitter&utm_medium=social_share

'바이든-날리면' 사태 이후 윤석열 정부의 모든 대응책이 이와 같았다. 윤석열 대통령이 해외든 국내든 어디서나 이해하기 어려운 발언을 하고 나면 대통령실에서 아무것도 아니라는 식으로 해명하거나 뭉개기 바빴다. 국내에서는 그렇게 뭉개고 넘어가도 대통령을 견제할 수 없는 전제주의적 정치구도 속에서 버틸 수 있었을지 몰라도, 상대가 있는 외교적 상황에서는 통하지 않는다. 다시 말해서 전제주의가 적용될 수 있는 '한계선'은 외교적 영역이다. 오히려 국내에서는 굳건한 전제주의적 질서가 반대로 외교영역에서는 그렇지 않을 가능성이 높으며, 심지어는 외교적 위기가 국내의 정치적 위기로 전화될 가능성마저 상존한다.

이 장에서는 한국이 처한 엄중한 외교적 현실을 짚어본 뒤에, 변동성이 높은 국제정세 속에서 전제주의적인 정치가 가져올 수 있는 위험성을 살펴보려고 한다. 이를 통해 전제주의의 한계이자 모순이 바로 전제화된 대통령 그 자체에서 도출된다는 점이 명확해질 것이다.

중견국가 한국과 세계정세

중견국이란 무엇인가?

한국의 현 상황과 윤석열 정부의 지향점을 이해하기 위해서는 '중추국가'와 '중견국가'라는 개념을 이해할 필요가 있다. 먼저 중

견국가 개념을 살펴보고 그것이 중요해진 배경을 보자. 김우상은
『중견국 책략』에서 중견국가 개념을 요약해서 제시하였다.[+] 이 책
20페이지를 보면 중견국가 개념의 네 가지 분류 기준이 나온다.

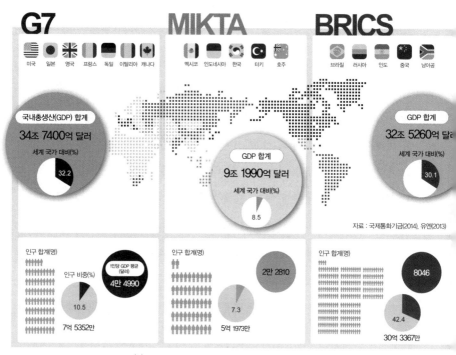

| G7 · MIKTA · BRICS [++]

+ 김우상, 『중견국 책략』, 세창출판사, 2016.
++ 관련 기사 : 뉴스 인 뉴스 〈271〉 중견국 외교, 중앙일보, 2015년 6월 15일, https://www.
   eai.or.kr/m/publication_01_view.asp?intSeq=4073&board=kor_eaiinmedia&keyword_
   option=&keyword=&menu=news에서 재인용하였음.

1) 위계적, 2) 기능적, 3) 규범적, 4) 행태적이 그것이다. 위계적으로는 국제체제 내에서 군사력, 경제력, 인구 규모 등 국력의 위치가 일정 수준 이상이면서 기능적으로는 지정학적으로 강대국들 사이 또는 지정학적 요충지에 위치하고, 규범적으로는 국제법 및 국제규범 준수와 현행 국제질서 유지에 동참하는 입장을 취하고, 마지막으로 행태적으로는 국제분쟁에 타협적이며 다자주의적 해결을 추구하는 국가를 의미한다.

이를 풀어서 설명하면, 대체로 중견국들은 강대국이 아니기 때문에 국제규범을 준수하는 신뢰할 만한 태도를 보이고 국제갈등을 평화적으로 해결하고자 하는 다자적 행태를 보이는 경우가 많다. 무력을 사용할 의도도 없지만 능력도 '상대적'으로 부족한 경우가 많기 때문이다. 이런 이유로 중견국가들은 대체로 다자적 행동주의, 제도 구축 및 중재를 통한 평화적 해결을 선호한다. 사실 중견국가라는 개념이 존재하는가를 두고 논란의 여지가 있다. 보통은 앞서 설명한 네 가지 기준에 따라 규정하지만, 국가의 능력보다도 국제규범 및 질서에 순응적이며 평화적인 태도를 많이 강조한다.

한국은 국가능력 및 규범적 태도에서 중견국가에 해당된다. 엄밀하게 말해서 한국은 국내의 '소용돌이의 정치'가 모든 의제를 집어삼키는 바람에 사실 국제질서나 규범에 별 관심이 없다. 미중 사이 어중간한 위치에서 경제적 이익만 충족된다면 괜찮다고 생각하며 살아왔다. 지난 1987년 이래 35년 역사가 그랬다. 격화되는 정치적 혼란에도 불구하고 한국 경제는 어느덧 선진화 단계까지 왔다. 리더십이 특별히 발휘되지 않더라도 이미 시스템적으로 기능하게 되었기 때문이다.

푸틴주의와 세계화의 관련성

여기에는 1991년 소련 패망 이후 2021년까지 약 30년 동안 세계자본주의가 제2의 황금기를 맞이했다는 점도 배경으로 작동한다. 1990년대 IT 버블 붕괴, 2008년 금융위기 등에도 불구하고 대체로 세계자본주의는 높은 수준의 개방성과 자본, 노동력, 기술, 산업 등의 무제한적인 이동 속에서 에티오피아 등 아프리카 지역 국가들조차도 연평균 8~10% 이상 고도성장을 10년이나 이어갈 수 있는 기반을 제공해주었다. 한국 또한 그러한 흐름에 편승하여 고도성장기 수준은 아니더라도 높은 수준의 경제성장을 이어갈 수 있었고, 그 덕에 정치적 양극화가 극심해지는데도 불구하고 큰 어려움 없이 선진화될 수 있었다. 한국만이 아니다. 전 세계적인 경제성장에 힘입은 수요 증가로 석유 등 에너지 가격이 급등했고, 그것이 다시금 농업생산물 가격을 끌어올리며 1차산업 생산물을 주로 수출하는 러시아 등 신흥 에너지 부국을 부활시켰다. 경제성장이 계속되는 동안 러시아 등의 자원부국, 신흥개발국, 구미 선진자본주의 국가 모두 번영을 즐길 수 있었다.

하지만 이미 2011~2012년 무렵에 세계화는 정체하기 시작한

○ 세계 곡물 재고율 추이[+]

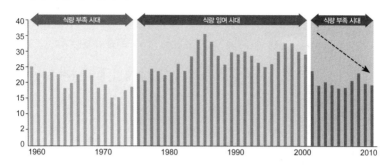

┃ 출처 : 박환일 외(2011), '농산물 시장의 트렌드 변화와 대응', CEO information 816호

다.[++] 무역이 더 이상 확장되지 않고 축소되기 시작했으며 러시아, 중국, 튀르키예 등의 지역에서 경제적 후퇴에 대응하여 권위주의가 발흥하기 시작했다. 그에 따른 자유무역질서의 첫 번째 균열이 2014년 우크라이나 사태로 나타났으며, 2016년 이후 미국의 중국 때리기가 본격화되며 두 번째 균열이 가시화되었고, 마지막으로 2022년 우크라이나 전쟁으로 자본주의적 세계시장의 변화가 본격화되기 시작했다. 백승욱은 이를 '얄타 체제'의 위기로 보면서 자유주의의 위기를 구성하는 한 축으로 설명한다.[+++] 하지만 여전히 미국이 세계자본주의 패권을 쥐고 있고, 코로나19 사태 당시

[+]   구한승 외, "스마트농업 동향분석", 30권 2호(통권 152), 2015, pp. 49-58에서 재인용하였음.

[++]   앞서의 2장에서 이에 대해 다루었다.

[+++] 백승욱, 『연결된 위기』, 생각의힘, 2023.

mRNA 백신기술 개발을 비롯한 기술혁신 및 상용화는 미국 시장을 통하지 않고는 거의 불가능하였다. 자유주의는 무너지지 않는다.

미중대립은 19세기 이래 선진자본주의와 후진자본주의의 대립유형이 진화한 결과물로, 자본주의 '내부'의 대립에 지나지 않는다. 19세기 세계자본주의의 모순이 '식민지'였다면, 20세기는 '남북문제', 21세기는 '미중대립'으로 나타나는 것이다. 후발 자본주의 사회가 식민지였다가, 주변부 저개발 지역이었다가, 이제는 표준경쟁에 도전하는 자본주의 국가로 점차 발전하였다. 19세기에 근대국가조차 형성하지 못하던 식민지 상황에서, 20세기에 들어서서 독립된 민족국가는 형성했지만 경제적 기반이 되어줄 자본주의화에 실패하고 UN 등의 국제기구를 축으로 선진자본주의와 대립하던 남북문제를 거쳐, 21세기에는 근대국가 건설 및 자본주의화에 어느 정도 성공해 실력에 맞는 지분을 요구하는 수준으로 발전한 흐름을 읽어야 한다.

푸틴주의는 그것을 직접적으로 자신에게 유리한 방향으로 틀기 위해 활용하고 있다. 1999년 세계자본주의 내에서 과거 패권국이었던 G7 국가들 이외의 신흥개발국들이 G7의 대표성에 의문을 제기한 것을 시작으로 같은 해 신흥경제국을 포함한 G20이 독일 베를린에 모여 경제협력을 논의하였다. 2000년에는 정상급 회의로 격상되면서 나름 확장되었지만, 이는 정례화되지 못한 한시적인 회의에 지나지 않았다. 아직까지는 G7의 패권에 도전할 정도가 안되었던 것이다. 이후 2011년에 G20 정상회의가 정례화되고 세계

경제 전반을 의제로 다루게 되면서 본격적으로 가동하게 되었다. 푸틴은 세계사의 패권이 G7에서 G20으로 이행하는 것에 민감하게 반응하며 2015년 기준 세계인구의 10%밖에 되지 않는 G7 국가들이 아니라 43%에 해당하는 중국, 러시아 등 G20 국가들의 이해관계에 맞게 세계 질서를 재편해야 한다고 주장해왔다. 그 결과가 지금 보고 있는 우크라이나 전쟁이다.

중국 역시 미국이 동맹국 중심의 다자주의를 펼치자, 그런 소(小)다자주의는 결코 인류보편의 가치를 반영할 수 없다며 소(小)그룹 중심의 다자주의를 배제하고 러시아 등의 권위주의 체제들과 함께 UN, WTO, G20 등 기존의 다자간 틀을 활용하자고 목소리를 높이고 있다. 중국은 그렇게 기존의 G7 중심의 세계 질서를 변화시키려 하고 있다.

신흥국들과 식민지배 책임, 그리고 위안부

사실 한국도 이런 흐름에 편승하였다. 예컨대 한국의 위안부 문제 및 징용공 문제는 1990년대의 시대적 전환과 긴밀하게 연관되어 있다. 위안부 문제의 핵심은 위안부 자체가 아니다. 한국 법원이 판결문에 적었듯이 징용공 및 위안부 등의 동원이 불법인 가장 근본적인 이유는 '식민지배의 불법성'에 기초한다. 한국의 식민화가 일본 정부의 주장처럼 절차를 갖춘 합법적인 조약에 따른 것이었다면, 합법적인 정부인 일본제국이 조선인들을 전쟁에 동원하는 것이 왜 불법이 되겠는가. 이 문제를 돌파하려면 식민지배 자체가 불법성을 지닌다고 해야 한다.

이것은 강만길 교수가 예전에 어디선가 지적했듯이 독립운동의 '합법성'을 논하기 위해서라도 중요한 논제이다. 일본제국주의 지배가 합법적이라면 독립운동은 우리가 아무리 주장해도 불법적인 테러행위에 지나지 않게 된다. 그래서 한국 사학계가 그토록 식민지배의 부당성과 불법성을 입증하려 노력해왔던 것이다. 한국의 민주화 세력이 유신헌법이나 제5공화국 헌법을 불법적인 것으로 만들려고 소송하는 것도 동일한 맥락에서다. 민주화 운동 자체를 '합법'적인 것으로 만들려고 시도하는 것이다. 위안부 문제도 그 연장에 놓여 있다.

일본인들은 1950년대 이승만 정부 시절부터, 더 정확하게는 한국을 식민화할 때부터 국제법적으로 문제가 없도록 만들려고 노력해왔다. 법적인 논리로는 일본의 주장을 논파하기 쉽지 않다. 노무현 정부조차도 위안부 청구권 문제에서 1965년 이래 한국 정부 입장을 존중해왔던 건 그런 맥락이었다. 미군정이 강탈한 일본인의 재산권과 식민배상 청구권을 쌍소멸시켜버린 이상 한국은 일본에 달리 배상금을 요구할 수 없게 되어 있다. 그래서 1965년 이후 일본에서 들어온 돈도 '독립축하금' 정도로 준 것이었고, 실상은 경제지원금이었다. 1965년 한일협정을 체결한 박정희 정부는 이러한 논의를 받아들이기 어려워 식민지배 피해배상금을 받아온 것이라고 선전하여 60년 가까이 이 문제가 지속되게 만들었다.*

중요한 것은 일본의 논리가 옳은지의 여부가 아니라, 1990년대 이래 경제성장에 따른 한국의 국력신장과 일본의 상대적인 후퇴 속에서 식민지배 책임을 인정하게 하려는 흐름이 나타났다는 것이다. 무라야마 담화부터 시작해서 일본인들의 위안부 및 식민지배 문제 관련 담화에는 '천황의 전쟁책임'이 빠져 있다. 일본 좌파, 공산당조차도 천황의 전쟁책임에 대해서는 현재도 거의 논하거나 주장하지 못한다. 상징천황제로 바뀌는 대신 천황의 전쟁책임은 사라졌고, 이 논리를 정당화하는 차원에서 식민지배 문제 또한 합법적인 것으로 주장한다. 다시 말해서 한국이 요구하는 식민지배의 불법성 인정과 그에 따른 반성 및 일본 의회가 가결한 '법적인 배상 요구'는 1965년 한일체제뿐만 아니라 일본의 상징천황제와 충돌하게 된다. 위안부가 아니라 한국 전체를 일본에 준다고 해도 일본인들은 천황제를 부정하지 않을 것이다. 중요한 것은 한국이 그걸 요구할 수 있게 되었다는 점이다.

이미 30년간 리비아를 식민지배한 이탈리아가 식민지배를 사과했을 뿐만 아니라 보상금으로 50억 달러, 25년에 걸쳐 5조원을 배상하기로 합의하고 지급 중이다.[++] 아프리카의 나미비아도 독일로부터 식민지배 보상금을 받아 경제개발에 사용하고 있다. 독일

[+]   귀속재산의 성격에 대해서는 이대근, 『귀속재산 연구』, 이숲, 2015를 참고하라.

[++] 관련 기사: 이탈리아, 리비아에 50억달러 '식민지 보상', SBS 뉴스, 2008년 8월 31일, https://news.sbs.co.kr/news/endPage.do?news_id=N1000464568&plink=OLDURL&plink=COPYPASTE&cooper=SBSNEWSEND

과 폴란드도 과거사를 두고 논쟁하고 있으며, 이집트 또한 영국과 프랑스 등에 식민지배 보상금을 요구하자는 움직임이 있었다. 필리핀 또한 문재인 정부 시기 한국이 위안부 문제를 제기하자 자국 위안부 피해자들에 대한 일본 정부의 사과와 피해보상을 요구하고 나섰다.✦ 이런 식으로 1990년대 이래로 과거사 재해석을 통해 후발 자본주의 국가들은 경제개발 등의 현실적인 자본 부족 문제를 해소하려 시도하며 식민지배의 정당성을 문제 삼아왔다. 한국은 이러한 흐름에서 가장 앞서 있다. 식민지배를 받은 경험이 있는 한국이 새롭게 경제성장을 하고 있는 지역 및 사회들과 연대하며 도덕적 헤게모니를 주장하기에 대단히 좋은 조건이다. 자유민주주의 체제이면서 동시에 선진화되고 있는 경제, 거기에 식민지배 문제를 주도할 수 있는 식민지배 경험까지 갖추고 있다.

이와 같은 조건은 1990년대 이후 세계화가 마지막 단계에 돌입하며 나타난 것들이었다. 하지만 엄밀하게 말해서 한국 정부, 특히 문재인 정부는 그러한 조건들을 적극적으로 활용하지 못하였다. 왜 그랬을까. 결국에는 중견국가 수준에 걸맞는 이념적 기반을 창출해내지 못했기 때문이었다.

✦ 관련 기사 : 필리핀 '위안부' 피해자 고백, 일본의 진솔한 사과와 보상 요구, 2019년 8월 15일, https://www.mhns.co.kr/news/articleView.html?idxno=271853#google_vignette

윤석열 외교의 전제가 되는 문재인 정부의 외교에 관하여

문재인 정부의 대북정책·신남방정책은 중국의 일대일로와 미국의 인도태평양 전략 사이에서 아세안과의 협력을 축으로 제3지대를 최대한 확보하려 노력하는 전략이었다. 이 전략이 비판받는 이유는 북조선이 한국 주도의 국제질서 재편에 참여할 동기가 너무 적었다는 점 외에도 일본을 배제하는 전략을 택했다는 데 있다. 그것이 주요한 패착이었다.

미중대립 속에서 바이든 행정부는 2021년에 대중국, 대러시아 정책의 초점을 명확하게 '봉쇄(containment)'가 아닌 '변환(transformation)'이라 천명하였다. 두 나라는 경제적 상호의존성이 낮았던 소련과 달리 자본주의적 세계시장 내에 강하게 포섭되어 있는 신(新)권위주의 체제이기 때문에, 봉쇄하기에는 미국이 치러야 할 경제적 비용이 너무 크다. 따라서 이들 국가를 기존 국제질서의 변화를 꾀하는 '수정주의' 집단으로 규정하고 이들의 변화를 이끌어내는 방향으로 대응하기로 한 것이다. 앞서 푸틴주의가 대표적이다.

반대로 중국의 일대일로는 이미 많은 한계를 드러냈음에도 중단 없이 계속해서 진행되고 있다. 2018년 무렵 중국의 일대일로 정책은 이미 완전히 실패하지 않았나 하는 의견을 냈었는데, 그때가 오히려 변화의 기점이었던 것 같다. 주요 지표 중 하나가 바로 2018년에 중국 상하이에서 '위안화'로 원유를 결제하는 선물시장이 개설되었다는 것이다. 2020년에 영국에서도 원유의 위안화 결제가 이뤄지면서 이 시장은 계속 확장되고 있다. 2017년 중국이 미국을 제치고 세계 최대 원유수입국으로 올라서면서 원유시장에서 중국의 입김이 강해졌기에 가능해진 일이다. 미국과 적대 관계인 러시아, 베네수엘라, 이란 등의 산유국들은 이미 위안화로 원유를 결제하고 있으며, 특히 러시아는 서방의 경제제재에 맞서 적극적으로 달러 체제로부터 벗어나려고 노력하고 있다. 1974년 달러 결제 협약 이후 유지된 '신(新)브레튼우즈 체제'의 기반인 미국과 사우디 간의 달러 결제 협약이 흔들리고 있다. 사우디마저도 위안화 결제를 고려하고 있다.[✦]

중국은 여기에 더해 디지털화폐 도입으로 미국의 기축통화국 지위를 위협하며 일대일로를 통한 독자적인 경제권 형성을 꾀하고 있다. 다시 말해서 육상·해상 실크로드가 유라시아 전체를 경제적으로 엮어놓고, 원유 등의 원자재 결제수단으로 위안화 사용을 적극 추진하여 유라시아를 일종의 위안화가 유통되는 경제권으로 재편하는 것이다. 더 나아가 러시아 등 반미국가들과 정치적, 안보적으로 연결된 일종의 상부구조를 만들려는 움직임도 있다. 상하이협력기구(SCO)와 집단안보조약기구(CSTO) 같은 것들이 그 예이다. 현재 CSTO는 기능을 차츰 상실하고 있기에 중앙아시아의 안보가 불안하다는 한계가 있지만, 어찌됐든 중국과 러시아

✦   신브레튼우즈 체제에 대해서는 베리 아이켄그린, 「글로벌 불균형」, 박복영 역, 미지북스, 2008 을 참고하라.

는 유라시아 대륙 내에서 SCO와 CSTO를 매개로 협력을 강화해 나가고 있다.

이와 같은 중국의 정책이 지정학적 균열을 만들어내는 지점을 지도에서 찾아보면 명확하게 중국과 미국 사이 지역들이다. 한반도에서 출발해서 대만과 일본을 거쳐 베트남과 인도에 이르는 거대한 달모양의 띠를 이루는 지역들이 핵심이다. 중앙아시아와 서남아시아는 논의를 위해 일부러 제외했다. 중국의 일대일로는 파키스탄을 가로질러 홍해에 이르는 긴 인프라망을 구축하여 사우디아라비아 등과 직접적으로 연결되는 정책을 펼치고 있다. 동북아에서 일본, 대만, 한국 등에 둘러싸인 포위망을 뚫어낼 방법 중 하나로 파키스탄을 끌어들이는 것이다. 이 정책은 2019년 인도가 카슈미르 지방의 자치를 억압하고 연방직할지로 만든 후부터 대단히 큰 위협을 받게 되었다. 중국-파키스탄 경제회랑이 이 근처를 지나가다 보니 카슈미르 지방이 상당히 중요해진 것이다.

이에 맞서는 인도의 모디 총리는 강경한 힌두 민족주의자로, 이슬람 지역인 카슈미르를 억압하는 방식으로 자국 내 민족주의 세력을 끌어들이고 있다. 파키스탄과의 확전도 서슴지 않고 벌였다. 미국은 인도를 지원하고, 중국은 파키스탄을 지지한다. 2020년 중국과 인도는 국경지대에서 아예 유혈사태까지 벌였다. 문재인 정부가 인도 모디 총리와 긴밀한 관계를 유지하려 노력한 것도 이런 흐름을 모르면 이해하기 어렵다. 이미 인도는 일본과도 긴밀하게 연결돼 있다. 문재인 정부는 일본과 경쟁하며 인도와 '특별 전략적 동반자(Special Strategic Partnership)' 관계를 강화하기로 합의했다. 2015년 박근혜 정부가 만들어놓은 틀 위에서 협력을 강화하는 것인데, 인도의 신동방정책이 한국의 신남방정책과 아세안이라는 지역을 기점으로 만날 수 있다는 것을 의미한다. 인도의 신동방정책, 한국의 신남방정책, 일본의 자유롭고 개방된 인도·태평양 비전 모두 아세안 지역에서 만날 수 있다. 아세안이 동아시아 외교에서 중요해지는 이유이다.

20세기형 세계시장에 복수의 신흥개발국, 그리고 중국과 러시아 등 '수정주의' 세력이 출현하면서 국제질서에 변동이 일어났다. 그 와중에 문재인 정부는 한반도 평화를 목표로 신북방정책과 신남방정책을 축으로 삼아 미국, 일본 등으로부터 자율적인 영역을 확보하려 노력하였지만 실패하였다. 문재인 정부의 외교전략에 북조선이 참가할 유인이 적었으며 일본이 배제되었다는 점, 그리고 미국 트럼프 정부가 끝내 북미관계 개선에 실패하고 후퇴하였다는 점, 중국의 반응이 미지근했다는 점 등을 원인으로 꼽을 수 있지만, 결국에는 김대중이 6자회담을 주조한 것과 같이 주변국들을 동참시킬 방법이 없었다는 점이 컸다.

이제 상황은 '21세기형 세계시장'의 건설로 이어지고 있다. 20세기형 세계시장을 통해 세계 각지가 자본주의화되었고, 그에 따라 강력한 근대국가 건설에 성공하고 경제력까지 갖춘 신흥개발국들이 대거 출현하여 기존 G7 중심의 세계 질서에 도전장을 내밀고 있다. 상품, 자본, 노동력, 기술, 산업 등의 무제한적 이동을 전

제로 하는 '20세기형 세계시장'은 해체되어가고 있지만, 그렇다고
해서 자본주의적 세계시장 자체가 무너지는 것은 아니다. 19세기
형 세계시장이 제국주의적 블록경제권으로 분립하며 붕괴하였던
것과 반대로, 지금의 세계시장은 블록화 경향이라기보다는 오히려
지역적 기반을 형성하면서 세계시장 내에서 보다 효율적으로 기
능하기 위해 경쟁하는 과정이라 봐야 한다. 그런 의미에서 신(新)
냉전이 아니라 19세기 영국과 독일 간의 경쟁과 같은 '제국주의적
경쟁'에 가까울 것이다.✦

중견국이 된 한국은 경제성장 속에서 국민스포츠인 정치적 양
극화를 즐기며 살았다. 자, 이제 세계사가 움직인다. 윤석열 대통
령은 무엇을 할 것인가?

모든 것이 녹아내리는 세계 질서 속의 우리는 어디에

중추국가란 대체 무엇인가?

문재인 정부는 이 '제국주의적 경쟁'이 본격화되기 직전의 마지
막 상황에서 구(舊)냉전의 잔재를 털어내고 신(新)냉전의 무대로 끌
려가지 않기 위해 필사적으로 노력했지만, 애당초 될 일이 아니었

✦   이 글을 쓴 뒤에 이 글의 주장을 뒷받침해줄 수 있는 다음의 연구가 있다는 사실을 확인하였다.
     홍호평, 『제국의 충돌』, 하남석 역, 글항아리, 2022.

다. 개인적으로 문재인 정부의 선의를 충분히 이해하고 인정하지만, 북조선 국가사회주의 체제는 남한, 미국, 일본 등의 '적'이 없으면 곧바로 붕괴될 수밖에 없는 시스템이다. 국가사회주의 체제는 와다 하루키의 지적처럼 기본적으로 전시체제 모델이며, 전시체제란 동원을 위해 기능하지 못한다면 붕괴하게 된다. 북조선은 과거 마오쩌둥의 중국공산당이 그랬듯이 먼저 핵무장력을 갖춘 다음에 경제개발을 추구하는 방향을 취하고 있다. 한국인들은 체제경쟁이 이미 끝났다고 생각하지만, 한국이 압도적인 경제적 우위에 기초하여 북을 압박하는 것처럼 북 또한 핵무장력이라는 압도적인 무력적 기반으로 남을 압박할 것이다. 체제경쟁은 끝난 게 아니라 다시 한 번 본격적으로 시작되려 하고 있다.

이런 상황에서 윤석열 대통령이 당선되었다. 그는 '글로벌 중추국가'를 대안으로 내세우고 있다. 대체 이 '중추국가'가 무엇인가? 김동기의 『지정학의 힘』에는 해퍼드 매킨더(Sir Halford John Mackinder)에 대한 설명이 나온다.[✦] 매킨더는 지정학에 대한 이해를 통해 유라시아의 러시아가 지배적인 랜드파워(land power)를 지배적인 시파워(sea power)로 바꿀 잠재력이 있기에 만약 러시아가 독일과 동맹하게 된다면 세계를 지배할 수 있다는 경고를 했다고 한다. 바다를 지배하는 영국이 이에 적절하게 대응하지 못한다면 큰 곤

✦   김동기, 『지정학의 힘』, 아카넷, 2020.

혹을 겪게 된다고 예견한 것이다. 매킨더는 심장지대(heartland)와 역사의 지리축이라는 개념을 사용해서 '중추국가(pivot state)'라는 표현을 처음 사용했다. 여기서 말하는 중추국가란 말 그대로 강대국 간 분쟁의 중심에서 정치적 대상이 된 지역을 의미한다.

다시 말해서 중추국가란 특정 국가의 역할과 관련된 기능적 측면과 그 국가가 위치하고 있는 지리적, 전략적 측면을 내포한 개념이다. 특히 지정학적 관점에서 중추국가 개념은 강대국의 세계전략과 떼어놓을 수 없을 정도로 긴밀하게 연결되어 있다. 미국, 러시아, 중국 등의 강대국들이 유라시아 대륙이라는 체스판을 놓고 벌이는 세계전략 간의 충돌 속에서 어느 정도의 인구와 경제력을 가진 동시에 지역 내에서 전략적 위치를 점하고 있는 중추국가 중하나가 바로 한국이다. 브레진스키는 『거대한 체스판』에서 우크라이나, 아제르바이잔, 한국, 튀르키에, 이란 등을 '지정학적 중추'로 규정하였다.[+] 그중 우크라이나에서 전쟁이 일어났으니 브레진스키의 통찰력도 상당히 뛰어나다.

이렇게 본다면 중추국가란 강대국들이 원하는 일정한 지정학적·전략적 가치를 지니고 있으면서도 강대국들 간의 영향권이 겹치는 지역에 위치하며, 정치력과 경제력, 인구 등의 국가능력에서 어느 정도 중요한 역할을 수행할 수 있는 국가를 의미한다. 앞서

[+] Z. 브레진스키, 『거대한 체스판』, 김명섭 역, 삼인, 2000.

보았듯이 한국은 중추국가이면서 동시에 중견국가이다. 중견적 중추국가라 해야 할까, 중추적 중견국가라 해야 할까? 중추의 의미를 생각한다면 후자가 더 적합한 표현이다. '중추적 중견국가'라는 개념 자체는 참여정부 시절부터 이미 보인다.

단단했던 그 모든 것들이 유동하는 현재 세계

개인적으로는 될 수 있는 한 현시대적 상황을 신(新)냉전이라는 수식어로 표현하기를 거부해왔다. 권위주의 대 민주주의 혹은 국가자본주의 대 사적자본주의라는 대립구도의 성격 자체를 부정하는 것이 아니라, 신냉전이 과거의 '전체주의 대 자유민주주의'라는 구도로 호명되는 것에 반대하는 것이다. 오늘날 중국, 러시아 등의 신(新)권위주의 체제는 과거의 전체주의와 다르다. 심지어 중국공산당조차도 '기층민주주의', '향진민주주의' 등 다양한 민주주의적인 정치층위를 지니고 있으며, 러시아는 '관리' 민주주의적인 측면을 지니고 있기는 하지만 어쨌든 선거를 주기적으로 하고 권력 교체의 가능성을 열어둔다는 점에서 일반적으로 민주주의의 범주에 포함된다. 이들 국가들을 설명하기 위해 '비(非)자유주의적' 민주주의라는 개념어를 동원하지만, 자유주의와 민주주의가 서로 배치될 수 없다고 믿는 입장에서는 불만스러운 조어일 수밖에 없다.[+]

과거의 전체주의, 권위주의 정치체제가 아예 선거권을 봉쇄하는 방식으로 개인독재를 이어갔다면, 지금 신(新)권위주의 체제는 선거민주주의와 자본주의적 시장경제에 기초하여 정권이 대중을 관리하고 특정 방향으로 유도하여 자신의 권력 정당성을 이끌어내는 방식으로 기능한다. 이런 상황에서 본래 자유민주주의 진영에 속해 있던 국가들은 자신들의 체제가 지닌 자유주의적인 측면을 강조해야 하는데, 트럼프 등 포퓰리즘 정치인들의 발흥 속에서 그러기 쉽지 않은 현실이다. 미국은 바이든 행정부가 집권하면서 나름대로 포퓰리즘적인 대중정치인들을 견제하며 국가를 이끌고 있고, 푸틴주의의 발흥으로 유럽의 극우 포퓰리즘 집단들이 세력을 잃으면서 현재까지는 자유민주주의 정치체제가 그 정체성을 잃어버리는 일은 발생하지 않았다.

하지만 미중대립이 심화될수록 이 문제는 점점 더 심각해질 수밖에 없다. 왜냐하면 과거 냉전 질서 하에서는 소련국가사회주의와 미국자본주의 간의 단절점이 명확했고, 서로가 각자의 영역권을 인정하고 존중했을 뿐만 아니라 격심한 이데올로기적 대립에도 불구하고 특정한 이익, 예컨대 핵전쟁의 발발을 막아야 한다는 점에서는 합의사항이 존재할 수 있었다. 즉, 냉전구조는 국가사회주의와 세계자본주의라는 상이한 정치체제 간의 대립이었다. 반면에 현재 미중대립은 자본주의적 세계시장 '내부'의 대립이기 때

✦   이에 대해서는 1부의 2장에서 다루었다.

문에 아무리 서로 동맹국을 형성하고 상대를 배제하려고 해도 쉽게 배제되지 않는다. 누가 적이고, 누가 아군인지 모를 황혼의 시기가 찾아왔다. 우리는 이미 이러한 문제가 현실화된 것을 보았다.

예를 들어 우크라이나 전쟁을 보고도 중동의 수많은 국가들은 도리어 사우디처럼 동맹국인 미국에 적대적인 태도를 취하거나 시리아, 이스라엘, 이란, 튀르키예처럼 방관 혹은 암묵적 지지를 표명하는 태도를 보인다. 화제가 된 아랍에미리트(UAE)는 유엔에서 러시아 비판 결의안에 기권했으며, 이집트와 이스라엘 역시 푸틴 비판에 동참하지 않았다. 사우디는 중국과 가까워졌으며, 이란은 러시아가 제재를 우회하는 공간으로 활용하려 한다. 사우디, UAE, 이스라엘은 튀르키예와 관계개선에 나섰을 뿐만 아니라 적대국이었던 이란과의 관계도 개선했다. 이스라엘은 천연가스를 활용해 이집트 등 주변 중동국들과의 관계개선에 나선다. 이렇게 서남아시아가 이합집산하는 데 반해 미국은 도무지 대응하지 못하고 있다. 미국 대외정책의 일관성은 트럼프 이후에 사라진 지 오래이며, 오바마 이후 동아시아 중시정책의 결과로 서남아시아 일대 권위주의 국가들은 미국이 언제든지 입장을 바꿀 수 있다는 데 대단히 큰 불만을 갖고 있다. 그 빈틈을 채운 게 러시아와 중국이다.

러시아만 놓고 말하자면, 러시아는 시리아 내전에 이란과 함께 개입하여 아사드 정권을 수호했을 뿐만 아니라 시리아에 주둔한 급진 이슬람주의 세력을 활용하여 이스라엘을 제어할 수 있게 되었다. 이스라엘은 친이란 프록시 무장조직이나 레바논의 헤즈볼라

등이 시리아 국경을 넘어 이스라엘을 공격하는데도 함부로 시리아에 개입할 수 없었다. 러시아의 군사시설들을 건드릴 수 없었을 뿐만 아니라 러시아 자체가 이들을 보호하고 있었기 때문이다. 결국 이스라엘은 러시아와의 우호적인 관계가 없으면 자국 본토가 공격받아도 제대로 된 방어를 못한다. 튀르키예 또한 마찬가지다. 이들은 트럼프가 미군을 철수시키자 마음껏 쿠르드 민간인들을 학살하는 만행을 저질러 미국의 제재를 받았지만 러시아와의 군사적·외교적·경제적 협력을 통해 그것을 우회한다. 러시아와의 군사적 합의 없이 쿠르드족을 통제하기도 어렵다.

대부분이 권위주의 국가인 서남아시아 및 중앙아시아에서 푸틴주의는 권위주의를 후원하고, 심지어는 시리아의 경우처럼 직접 군대를 파견해 지원하는 등 권위주의 체제를 수호하면서 그 나라들을 러시아의 이해관계에 종속시키는 일관된 외교정책을 펼친다. 뿐만 아니라 에너지 자원을 적극 활용하여 미국의 빈자리를 적극 보완했는데, 앞서 말했듯이 이는 1990년대 이후 경제성장 덕분이었다. 그리고 경제성장 덕분에 강해진 국력으로 자국의 이해관계를 관철시키려 노력하면서 세계는 다시 분열되고 있다. 문제는 경제적 상호의존성으로 강하게 결속되어 있기 때문에 서로가 서로를 밀어내려고 해도 완전히 밀어낼 수 없다는 점이다. 경제적 결속을 전제로 이뤄진 정치적·문화적·제도적 결속 또한 매우 강력해서 과거의 냉전구조와는 전혀 다른 세계가 펼쳐지고 있다.

또 다른 예로 인도나 아세안 지역이 있다. 이들 지역은 과거 비

동맹 제3세력을 형성하였던 전력이 있는 만큼 직접적인 구미 대
중러 대립에 포괄되지 않는다. 오히려 인도는 서구의 러시아 경제
제재에 맞서면서 독자적인 영역을 개척하였을 뿐만 아니라 러시아
에서 자원을 대규모로 수입하고 있다는 점은 러시아에 대한 경제
제재가 완전히 작동하기 어렵게 만드는 요인이기도 하다. 하지만
미국 입장에서는 인도와 등을 지기도 힘들다. 이런 식으로 중간의
회색지대를 매개로 하여 세계경제는 여전히 강력한 통합력을 유지
하면서 발전해 나가고 있다.

　자유민주주의 체제와 신권위주의 체제 간의 긴밀한 연관관계와,
자유민주주의의 상대적 퇴조를 보고 있으면 상당히 암울한 전망을
하게 된다. 흥미로운 지점은 세계사의 현상태가 윤석열 정부에도
반영되는 것처럼 보인다는 점이다. 예컨대 윤석열 대통령은 '자유'
에 관한 자신의 철학을 〈자유와 연대 : 전환기 해법의 모색(Freedom
and Solidarity : Answers to the Watershed Moment)〉이라는 유엔총회
연설문에서 상세히 설명하였다. 이에 따르면 윤석열 대통령이 생
각하는 자유란 질병이나 기아로부터의 자유, 문맹적 상태로부터
의 자유, 에너지와 문화의 결핍으로부터의 자유 등인데, 참으로 기
이하게도 윤석열의 자유론에는 정치적 자유가 빠져 있다. 자유민
주주의를 그렇게 논하는 사람이 정작 자유민주주의를 추구할 자
유, 정치적 자유의 중요성에 대해서는 놀라울 만큼 침묵하고 있다.

　자본주의적 세계시장에 대한 의존도가 과거와 달리 놀랄 정도
로 높아진 현대 사회에서는 오히려 냉전적 상황만큼 타협적인 관

계를 맺는 게 어려울 수 있다. 오히려 한번 밀리면 정말로 생활세계에서 종속되어버릴 수 있으므로 더 공격적으로 나설 수도 있는 것이다. 이 흐름이 과거 19세기 제국주의적 경쟁이 낳은 '세계대전'이라는 제국주의 전쟁으로 이어지지 않는다는 보장이 어디 있는가? 사실 이미 우리는 세계대전을 목도하고 있다. 우크라이나 전쟁은 지역적 규모의 세계대전이다. 그런데 우리는 여전히 적이 누군지, 왜 적인지조차 인식하지 못하고 모호한 태도를 취하고 있다. 적과 아군의 구별조차 어려워졌을 만큼 세계경제 통합이 고도화되었기 때문이다. 이런 상황에서 정치적 자유가 빠진 자유만을 논하는 윤석열 대통령의 입장은 상당히 징후적인 측면이 있다.

정치적 합의가 부재한 외교

일반적으로 윤석열 정부의 외교적 방향성은 '가치외교(value diplomacy)' 또는 '가치기반 외교(values-based diplomacy)'로 표현된다. 하지만 구체적으로 무엇을 말하는지 짐작조차 어려운 모호한 표현이라 하지 않을 수 없다. 만약 이 개념어에 구체적인 내용을 부여하여 대안제시를 이뤄낸다면, 그것만으로도 이 정부는 유의미한 성과를 거두었다고 할 수 있을 것이다. 따라서 이 정부의 가치외교를 구체적으로 살펴보아야 한다.

기존의 제6공화국 외교전략을 종합적으로 분석한 연구는 사실상 거의 존재하지 않는다. 이는 가장 기본이 되는 북방정책에 관한 종합적인 연구서가 거의 존재하지 않는다는 사실만 보아도 짐작할 수 있다. 장덕준이 최근 발간한 『북방정책의 이상과 현실』은 그런 공백을 메워주는 대단히 중요한 저작이다.✦ 기존의 제6공화국 외교정책은 대체로 중국, 러시아 등과의 관계를 다루는 북방정책과 북조선과의 관계를 다루는 통일정책이 결합된 상황에서 독자적인 자율성을 높이기 위해 남방정책을 펼치는, 북방-통일 정책과 남방정책의 결합을 핵심축으로 한다. 문재인 정부의 외교정책은 이런 의미에서 제6공화국 외교의 연장에 있으면서도 사실상 그 정점이라 할 수 있었다. 국가사회주의가 실질적으로 붕괴하기 시작한 1987년 무렵 한국이 민주화되어 제6공화국이 시작됐다. 이후 제6공화국은 '20세기형 세계시장'이 제공하는 조건 속에서 30년간 발전할 수 있었는데, 문재인 정부와 함께 이러한 조건 자체가 사라져버린 것이다.

그리고 새로운 방향성을 수립해야 할 때 윤석열 정부가 들어섰다. 그가 제시하는 가치가 무엇인지는 최근 발간된 『인도-태평양 전략』 보고서에서 확인할 수 있는데, '자유, 평화, 번영'을 한국이 추구해야 할 비전으로, '자유, 인권, 법치'를 추구해야 할 보편적 가치로 크게 구별하여 제시하고 있다. 이 지점에서 주목해야 하는 것은 자유, 인권, 법치는 사실상 '개인'에게 적용되는 가치라는 점이

✦　장덕준, 『북방정책의 이상과 현실』, 역사공간, 2021.

다. 물론 개인의 자유와 인권, 그리고 권리가 보장되는 법치는 국가가 추구할만한 보편적 가치이고 자유주의적 이상에 부합하는 가치들이지만, 앞서 지적했듯이 '정치적 자유'에 대한 언급이 빠진 상황에서 개인적 가치들이란 사실상 시장주의적인 가치에 가깝다. 다시 말해서 이 보고서에서 말하는 법치는 정치적 자유보다는 '사적 소유권의 보장'에 가깝다. 참 사용하기 싫어하는 '신자유주의'라는 표현을 사용하지 않을 수 없다. 즉, 윤석열의 외교적 방향성은 신자유주의의 냄새를 물씬 풍기고 있다.

이 지점에서 우리가 깨달아야 하는 것은 윤석열 정부가 국내정치의 연장에서 외교를 펼치고 있다는 사실이다. 지도자의 자의와 자율적 선택이 큰 부분을 차지할 수밖에 없는 외교영역이지만, 윤석열 정부는 자신의 정체성을 이런 식으로 외교에 반영하고 있다. 본인이 문재인 정부의 신남방정책을 비롯한 대부분의 외교 정책을 단절하는 마당에 윤석열 정부 이후에 외교적 일관성이 확보될 수 있는가? 앞서 말했듯이 제6공화국은 나름대로 대북정책과 대중-대러 정책을 통합한 북방정책과 남방정책을 세로축으로 삼아 미일로부터 자율적인 영역을 개척하려 노력해왔다. 그런 기조에서 완전히 벗어나려고 하는 윤석열은 보편적인 좌우 합의에 따라 가치를 정립하고 정체화하려 하지 않는다.

이 지점에서 정권의 이익이 곧 국익이 되어버리는 모순이 나타나게 된다. 우리는 지금 한국의 핵심이익은 무엇이고, 핵심가치는 무엇인지 제대로 규정조차 못하고 있다. 아니 국익이 무엇인지에 대한 합의조차 없다. 이런 상황에서는 경제적 이익이 곧바로 국익이 되어버린다. 외국에서 투자계획이나 자본유치계획을 가져오면 그대로 정권의 업적이 되고, 국익이 되어버린다. 중추국가를 자처하지만, 주변 강대국들 간의 세계전략 충돌 속에서 어떤 가치와 국익을 추구해야 하는지 모르고 있다.

윤석열의 정치와 미라의 정치

앞서 1장에서 지적하였듯이 윤석열 정부의 정치에는 '사회적 주체'가 존재하지 않는다. 이런 맥락에서 윤석열 정부가 '정치적 자유'를 추구의 대상으로 보지 않은 점이 상당히 흥미롭게 다가온다. 본래 오스트리아 학파는 하이에크가 그랬듯이 경제적 자유와 정치적 자유는 서로 긴밀하게 연계되어 있으면서 동시에 경제적 자유가 정치적 자유에 우선한다고 본다. 경제적 자유가 보장되고 선택할 자유가 늘어난다면 정치적 자유는 궁극적으로는 증진된다는 것이다. 그렇기에 당장 권위주의 체제가 들어서더라도, 소련식 국가 사회주의적 계획경제가 아니라 시장경제를 택한 체제라면 얼마든지 정당화할 수 있다.✦

✦　이에 대해서는 2부의 4장을 참고하라.

그 이념에 맞게 윤석열 정부는 국가 폭력을 활용하여 노동력을 특정 방향으로 재편하려고 노력한다. 노동력의 생애주기에 해당하는 교육개혁·노동개혁·연금개혁을 내세우면서 사회적 관계를 재편하려고 하는데, 정작 그 합의대상인 '노동자'는 존재하지 않는다. 사회적 주체인 노동자 세력을 적대시하면서 동시에 노동력을 국가 권력으로 재편하려고 하는 시도는 '신자유주의'말고는 달리 표현할 수 있는 말을 찾기 어렵다. 세계사는 계속 전진하고 있는데 10여 년 전 이명박 시절 관점을 들고 오는 윤석열 정부를 어떻게 긍정할 수 있겠는가. 신자유주의라는 개념을 사용하는 데 부정적이지만, 신자유주의만큼 윤석열 정부를 잘 설명할 수 있는 개념은 없다고 생각된다.

그리고 자유와 국가폭력의 모순적인 결합은 대외정책에도 반영된다. 외교부는 MBC의 '바이든 휘날리면' 보도로 한미관계를 총괄하는 부처로서 큰 피해를 입었다며 해당부처인 만큼 소송 자격이 있다고 주장하였다.[✦] MBC 보도가 국익을 저해했다는 이유로 대통령이 직접 나서서 악의적이라 비판하고, 대통령실이 MBC를 공격하며, 심지어는 MBC 기자들을 비행기에 태우지 않거나 외교부가 나서서 MBC 보도 때문에 큰 피해를 입었다며 소송을 한다. 이런 상황에서 이들이 말하는 국익은 분명 '정권의 이익'을 의미한다.

✦　관련 기사 : MBC 정정보도 소송 낸 외교부, 무슨 실익 있나, 한국일보, 2023년 1월 17일, https://www.hankookilbo.com/News/Read/A2023011614240000293

국내 문제에서는 정치적, 사회적 합의를 추구하지 않고 국가폭력을 동원해서 개입할 수 있을지 모른다. 하지만 그러한 전제주의는 국내를 벗어나면 통용될 수 없다. 냉정한 국제외교에서 이란 정부를 UAE의 '적'이라 표현해놓고 이제 와서 이란과는 아무런 관련이 없으며, 대통령이 단순히 장병들을 위문하기 위해서 그리 표현한 것이기에 이란 정부가 이를 확대해석할 필요가 없다고 답하는 이런 상황을 어떻게 이해할 수 있을까?

게다가 가장 큰 문제는 MBC가 국익을 저해했다는 이유로 외교부까지 나서서 MBC를 공격하는 등 국가기구의 '사유화'를 이뤄낸 윤석열 정부가 정작 윤석열 대통령의 '입' 자체는 공격하지 못한다는 것이다. MBC는 윤석열의 입에서 나온 말을 보도했다가 고소고발을 당하고 배제되었다. 하지만 그 입이 국제관계에 대해 함부로 말을 내뱉으면 어찌할 것인가? 입을 막지 못하니 입에서 나온 말을 보도하는 언론을 공격한다.

전제주의 사회에서는 국익과 정권의 이익이 구별되지 않는다. 국익과 정권의 이익이 일체화된 사회에서 정권의 위기는 국내외 양쪽에서 동시에 올 수밖에 없다. 그렇기 때문에 정권은 자기보존을 위해서 더 적극적으로 나서게 되고, 그것이 다시금 더 큰 위기의 근원으로 작용하게 된다. 모든 경계가 사라지는 황혼의 시기가 오는데 우리는 어디로 튈지 모르는 정권을, 윤석열 대통령의 입을 바라보며 살아야 한다. 의회와의 협력을 거부하고 시행령에 기초한 행정부 우위의 체제를 만들어 대통령이 무엇인가 하고자 했을 때 견제할 수 있는 장치가 모조리 사라진 상황에서는, 대통령이 체제의 가장 큰 모순이자 위기의 근원이 된다.

일찍이 마르크스는 유럽과 달리 아시아는 아시아적 생산양식의 특질 때문에 공과 사가 구별되지 않는 곳이라고 말한 바 있다. 공사 구별이 되지 않고 군주가 아버지가 되고, 신하와 백성이 자식이 되는 '가부장적' 정치형태가 장기지속된다. 엥겔스는 이를 '가장 조야한 국가형태인 동양적 전제정치'라 불렀다.✦ 정권의 이익과 국익이 일치되어 공사 구별이 되지 않는 윤석열 정부를 보면 우리는 여전히 아시아적 생산양식의 세계에 살고 있는 듯하다. 이런 아시아적 전제국가는 외부와의 접촉이 차단되었을 때만 존속할 수 있었다.

> 구(舊)중국 보존의 제1의 조건은 완전한 격리였다. 그러한 격리가 영국의 개입에 의해(아편전쟁—인용자 주) 폭력적으로 종식되자, 마치 밀봉된 관 속에 잘 보존되어 있던 미라가 신선한 공기가 닿게 되면 언제나 분해되는 것처럼 확실히 분해가 잇따르지 않을 수 없다.✦✦

현재 한국사회 또한 마찬가지다. 이란과의 외교적 마찰은 윤석열식 정치가 외부와의 접촉으로 분해되는 첫 단계가 될지도 모른

✦　프리드리히 엥겔스, 『반뒤링론』, 한설 역, 이성과현실, 1988, p. 237.
✦✦　마르크스·엥겔스, 『식민지론』, 주익종 역, 녹두, 1989, p. 23.

다. 굳이 이란이 아니더라도 언제, 어디서든 그런 일이 일어날 수 있다. 심지어 국내정치 문제로 미국, 일본 등 주변국들과 마찰이 일어나는 과정에서 벌어질 수도 있다. 더 늦기 전에 공적인 이익에 해당하는 국익과, 사적인 이익에 해당하는 정권의 정치적 이익을 구별할 수 있는 논의를 시작해야 하지만, 현재 한국 정치 상황에서 그런 기대를 품기 어려워 보인다. 윤석열이라는 미라가 외부와 접촉해 분해될 때 함께 분해되지 않을지 걱정스러운 요즘이다.

2부

시민사회로 나아가는 전제주의,

자립하지 못하는 시민사회

전제주의와 마주한 한국의 시민사회

1장

책임 없는 권한만 누리겠다는 '당정융합'

대통령 앞에만 서면 작아지는 정당

1부 2장의 보론에서 지적하였듯이, 윤석열 대통령은 여당을 자신을 뒷받침하는 '정치적 수단' 정도로 인식한다는 사실이 국민의힘 전당대회 과정에서 명확하게 드러났다. 경선과정에서 윤석열 대통령 측이 지지하는 김기현 후보의 당선이 불확실해지자 후보들에게서 대통령의 통치에 누가 되지 않겠다는 약속을 받아낸 것으로는 부족하다 느꼈는지, 아예 윤석열 대통령이 국힘당의 명예대표직을 맡아 '당정일체(黨政一體)'를 내세우는 지경에 이르렀다.✦

이렇게까지 대통령이 당무에 개입하는데도 아무런 문제가 되지 않는 현실이 그저 놀라울 뿐이다. 아무런 당내 기반이 없었던 윤석

✦ 관련 기사 : [단독] 尹, '국민의힘 명예대표' 맡을 수도…전대 이후 '당정융합', TV조선뉴스, 2023년 2월 14일, https://news.tvchosun.com/site/data/html_dir/2023/02/14/2023021490171.html

열 대통령이 이렇듯 여당을 좌지우지할 수 있다는 사실에 어찌 놀라지 않을 수 있을까. 윤석열 대통령 본인이 박근혜 전 대통령의 새누리당 비례대표 공천개입과 총선 여론조사를 기소하여 유죄 판결까지 이끌어냈는데도 불구하고 이런 일이 벌어질 수 있다는 데 거듭 놀랄 뿐이다.[*] 대통령 앞에만 서면 작아지는 정당을 '당정분리'와 '당정융합'을 통해 살펴보았다.

누가 통치하는가? :
정치 엘리트를 만들어내지 못하는 한국 정치

동아일보 김순덕 칼럼니스트는 당정분리가 민주적 원칙 또는 상식인 줄 알았는데 노무현 전 대통령이 당정분리를 재검토해야 한다고 말했던 사실을 뒤늦게 알고 자신의 주장을 철회하며 당정일체를 주장하였다.[**] 깨알같이 문재인 전 대통령의 민주당에서는 당정일체가 제대로 이뤄지지 않아 포퓰리즘적인 지도자가 정당 민주화를 이용해 민주주의를 무너뜨렸다고 비판하면서도 사실상

---

[*] "옛 새누리당의 공천 과정에 불법 개입한 혐의로 기소된 박근혜 전 대통령이 21일 법원의 2심 판단을 받는다."(관련 기사 : '새누리당 공천개입' 박근혜, 형량 바뀌나…오늘 2심 선고, 한겨레신문, 2018년 11월 21일, https://www.hani.co.kr/arti/politics/politics_general/871099.html)

[**] 관련 기사 : [김순덕의 도발] 노무현은 "당정분리 재검토" 작심토로 했었다, 동아일보, 2023년 2월 11일, https://www.donga.com/news/dobal/article/all/20230210/117824840/1

의 당정일체를 펼쳤다고 지적한다. '사실상'의 당정일체를 해서 문제라는 것인가, 아니면 제대로 하지 않아서 문제라는 것인가? 논리가 오락가락한다. 김순덕 칼럼니스트 자체가 당정일체와 당정분리를 일관되게 통합적으로 사고하지 못하고, 상황에 따라 이리저리 말을 바꾸었기 때문이다. "새로운 팩트를 알게 되면 생각과 주장도 달라져야 한다"며 자신을 방어해보지만 비일관성을 감출 수는 없다. 그러다 보니 자신의 비일관성을 방어하기 위한 '비장미'마저 감돈다.

이는 '책임 정당'이라는 책의 결론과도 일치한다. '민주주의로부터 민주주의 구하기'라는 부제대로 강하고 위계적인 정당이 민주주의에는 필수라는 역설적 결론이다. 국가 차원의 민주주의를 위해 정당 내에서 반드시 민주주의를 해야 할 것까진 없다는 연구결과는 ⋯ 섬뜩하다. 관객에게 최고의 발레를 보여주기 위해서라면 발레리나의 발은 처참할 필요가 있는 것처럼.

민주주의론에 대해 어느 정도의 배경지식만 있어도 위의 주장이 민주주의 이론가 로버트 달(R. Dahl)의 '다두정(Polyarchy)'을 의미한다는 것을 쉽게 알 수 있다. 로버트 달은 평생에 걸쳐 민주주의를 옹호하려고 했지만, 민주주의는 개념 자체가 다차원적이고 복합적이라 분석적인 접근이 어려웠다. 따라서 달은 현실에서 비교 가능하고 분석 가능하며 실천적으로도 구현할 수 있는 제도적 접근 방식을 통해 민주주의를 분석했는데, 그 결과가 바로 '다두정'이다. 완전한 민주주의를 구현하기보다는, 복수의 '소(小)독재자'들이 경쟁하는 와중에 시민의 선택을 받는 모델을 구상한 것이다. 그는 '자기통치'를 이념으로 하는 민주주의가 실제로 구현되기 위해서는 엘리트만의 전유물이 아니라 일반 시민들까지 포함할 수 있어야 한다고 보았다. 그래서 '참여(participation)'와 '경쟁(contestation)'이라는 두 가지를 기준으로 삼아 민주주의를 규정한다.

누구를 경쟁시킬 것이며, 누구를 참여시킬 것인가? 로버트 달은 위계적으로 강력하게 조직된 정당조직들끼리 경쟁해야 한다고 보았다. 정당조직의 민주화로 정당 고유의 특색이 사라지고, 사람들의 참여를 이끌어낼 강력한 조직이 사라진다면 민주주의는 형해화되고 만다는 것이다. 다시 말해서 정당 내부의 민주주의보다도 오히려 강력하게 조직된 복수의 정당 조직들이 '경쟁'하는 과정 속에서 인민의 정치참여와 선택이 보장되고, 그에 따라 민주주의가 궁극적으로 지향하는 '인민의 자기통치'의 원리가 구현될 수 있다고 보았다. 달은 자신이 말한 강력하게 조직된 정당들과 그 정당을 지배하는 정치 지도자들이 사실상 과두정의 참주와 같은 존재라는 점에서, 엄밀하게 말해 진정한 의미의 민주주의보다는 복수의 참주들이 인민들의 선택을 받기 위해 경쟁하는 '다두정(多頭政)'이라 표현했던 것이다.✦

✦ Robert Dahl, 『Polyarchy』 Yale University Press, 1971. 국역본으로는 로버트 달, 『포리아키』, 최호준 외 역, 거목, 1987이 있다.

이상의 요약을 통해 로버트 달의 민주주의론은 일정 정도 '시장경제'와 친화성을 지니고 있음을 알 수 있다. 시장경제 안에서 품질이 우수한 상품 또는 그 상품을 생산한 기업체가 소비자들의 선택을 받아 자연스럽게 애덤 스미스가 말한 '보이지 않는 손'에 의해 효과적인 자원분배와 효용극대화를 달성하듯이, 경쟁관계인 복수의 참주 중에서 인민의 의사를 좀 더 잘 반영하는 자가 시민의 선택을 받아 선거에 당선되고 민주주의를 구현해 나간다고 보았다. 막스 베버가 『소명으로서의 정치』[+]에서 주장하였던 의회에서 정치 지도자를 산출하는 원리나 연방주의 논고에서 미국 건국의 아버지들이 기대했던 선거의 효과[++]처럼, 자연스럽게 덕(德)이 있는 인물을 선거를 통해 선출해낼 것을 기대했던 것이다. 물론 '정당'이라는 체계화되고 위계화된 조직을 매개로 할 것을 기대했다는 점에서 차이가 있지만 말이다.

달의 논의에서 주목해야 할 논점은 '복수'의 참주가 정당조직 내부에서 산출된다는 점이다. 달리 표현하자면 '정치 엘리트'를 정당조직이 끊임없이 만들어내야 한다는 것이다. 당정일체가 되었든 당정분리가 되었든, 중요한 것은 그것을 통해 어떠한 방식으로 정당의 기본적인 기능, 즉 정치 지도자를 산출해내는 능력을 증진시킬 것인가 하는 점이다. 정당조직은 개인과 국가 사이

+   막스 베버, 『소명으로서의 정치』, 박상훈 역, 후마니타스, 2013.
++   알렉산더 해밀턴 외, 『페더럴리스트』, 박찬표 역, 후마니타스, 2019.

에 위치해 정치사회적 특질과 시민사회적 특질을 동시에 지니고 있다. 정당은 자체의 내적 원리 속에서 정당 이념에 충실하면서도 동시에 국가 전체의 입장에서 보편적 사고를 하는 정치 지도자를 끊임없이 산출해야 한다. 그런데 윤석열 대통령도 그렇고 그에게 비판적인 태도를 취하는 김순덕도 그렇고, 모두들 행정부 수반의 성공에만 집착한다. 앞서 단점정부의 성향이 강해지는 추세 속에서 역설적이게도 정당 조직은 점차 형해화되고 대통령의 통치수단으로써만 기능한다고 지적하였다. 정당조직이 독자적인 규율과 자립성을 갖지 못하고 대통령을 중심으로 한 대중운동에 종속되어서 정치 엘리트를 산출하는 데 실패하고 있다는 말은 달리 표현하자면 "누가 통치하는가"라는 질문에 답변하지 못하고 있다는 말이 된다.

많은 이들이 '제왕적 대통령제'가 문제라고 거듭해서 주장한다. 그러한 주장은 40여 년 전 삼김시대로 거슬러 올라갈 정도로 오래되었다. 문제는 '제왕적 대통령'이라는 표현이 보여주듯이 대통령 한 사람에게 지나칠 정도로 많은 권한이 집중된다는 사실 자체만이 아니라, 그렇게 많은 권한을 행사하는데도 불구하고 책임을 지지 않는 '무책임(unaccountability)'의 문제도 존재한다는 것이다. 대통령은 당선되었다는 것만으로도 사실 더 이상 정치적 책임을 질 필요가 없어진다. 노무현 전 대통령의 당정분리가 지닌 한계가 바로 이 부분이었다.

'한국식 민주주의', 말하자면 후진적 제도 몇 개를 개혁해야 됩니다. 박정희 정권 초기에 한국적 민주주의라는 말이 있었지요…. (중략) 한 마디로 5년 단임제를 가지고 있는 나라는 민주주의 선진국 아니다는 증명이고요. 'X팔린다'는 이런 뜻입니다.

당정분리, 저도 받아들였고 또 그 약속을 지키기 위해서 노력했습니다만, 그동안 그랬어야 할 이유가 있어서 당정분리를 채택을 했습니다. 앞으로는 당정분리도 재검토해 봐야 합니다. 책임 안 지는 거 보셨죠? 대통령 따로 당 따로, 대통령이 책임집니까, 당이 책임집니까? 당이 대통령 흔들어 놓고 대통령 박살내 놓고 당이 심판받으러 가는데… 같은 겁니까, 다른 겁니까? 어떻게 심판해야 하지요? 책임 없는 정치가 돼 버리는 것이지요.✦

김순덕 칼럼에서 인용한 부분을 읽어보면 알 수 있지만, 노무현이 고민했던 지점은 당정분리를 통해 정당 조직이 총재직을 차지한 대통령의 독단적인 공천권 행사, 선거자금 집행, 인사권 행사 등으로 인해 자율성을 지니지 못하고 '하향적·수직적'인 정치문화를 지니게 된 '병폐'를 어떻게 극복할 것인가 하는 부분이었다. 청와대가 하명하고 정당이 떠받드는 형태가 아니라 청와대와 정당이 서로 협의해 정책을 입안하고 집행하는 방식으로 제왕적 대통령제를 타파하려 했던 것이다.

✦　관련 기사 : [김순덕의 도발] 노무현은 "당정분리 재검토" 작심토로 했었다. 동아일보, 2023년 2월 11일, https://www.donga.com/news/dobal/article/all/20230210/117824840/1

하지만 현실적으로는 그렇게 운영되지 않았다. 기본적으로 한국 정치구조상 정당은 대통령이 이끄는 행정부의 업적에 따라 평가받게 되는데, 정작 열린우리당을 비롯한 여당은 당정분리 때문에 국정운영에 어떠한 방식으로든 영향을 끼칠 수 없었다. 이런 상황에서 여당에 대한 사회적 평가는 대통령의 국정운영에 달려 있으니, 당장 선거에 영향을 받는 정당 입장에서는 '권한이 없는 책임'을 지는 상황을 회피하려 할 수밖에 없었다. 노무현은 그런 상황을 대단히 불만족스러워하면서 위와 같이 말했던 것이다. 당이 책임을 지는가? 오히려 당이 대통령을 흔들어 놓고 그 결과로 국정운영의 난맥상이 드러나 정당이 그로 인해 '심판'을 받는다면 이것이 과연 진정한 의미의 '책임정치'라 할 수 있겠는가 하는 것이다. 최장집이 『민주화 이후의 민주주의』의 개정판 후기[*]에서 지적하였던 부분도 이 문제였다. 노무현 대통령이 자신을 정당의 지도자가 아니라 사기업 조직의 CEO와 같이 행정부의 혁신과 생산성을 높이는 '관리자' 혹은 파당적 쟁투에서 벗어나 '국가 전체의 지도자'로서 행동하려고 했다는 것이다.

그런데 최장집의 비판은 다소 의아하게 느껴진다. 대통령이 스스로를 '국가 전체의 지도자'로 여기는 것이 왜 문제인가? 최장집은 정당조직을 활용해 사회의 갈등과 균열을 조직하여 정치에 반

---

[*]   최장집, 「민주화 이후의 민주주의」, 후마니타스, 2005.

영하려는 시도를 하지 않는다는 점에서 비판하지만 본질적인 답변은 아니다.

삼권분립의 핵심은 '분립'이 아니라 '통일'에 있다

삼권분립이라 하면 일반적으로 입법부·사법부·행정부 간 권력의 균형과 견제를 떠올리고는 한다. 김순덕이 이전 칼럼에서 윤석열의 당정일체 시도를 비판했던 이유이기도 하다. 그런데 독일 철학자 헤겔은 『법철학강요』에서 그와 같은 인식이 '그릇된 규정'이라 비판한다. 헤겔에 따르면, 국가 권력의 필연적 분할의 원리에는 구별이라고 하는 '실재적 합리성'의 본질적 계기가 포함되어 있다. 그런데 어리석기 그지없는 '추상적 오성'들은 권력 상호간의 절대적 독립이라는 규정된 규정을 숭배하며 권력의 상호관계를 부정적인 관계나 대립적인 제한작용으로 이해하려는 일면성을 보인다. 이러한 입장에 따르면 각기 권력이 또 다른 권력에 대하여 이를 마치 사악한 것인 양 여기면서 이에 대항할 목적으로 행사하는 것은 어느덧 모든 권력 앞에서의 적대감과 공포로 화해버리는 바, 결국 이렇게 얻어진 균형은 일반적인 의미의 균형이 될 수는 있을지언정, 결코 생동하는 '통일'이 될 수는 없다.✦ 예컨대 입법부가 행정

✦   헤겔, 『법철학강요』, 임석진 역, 지식산업사, 1989, p. 427.

부를 견제하고, 사법부가 다시 입법부와 행정부를 견제하는 등 삼권분립을 삼권 간의 대립관계로 이해해서는 안 된다.

혜겔에 따르면 삼권분립의 핵심은 삼권의 '분립'에 있는 것이 아니라 그것의 '구별'에 있으며, 그러한 구별에도 불구하고 여전히 국가라는 '통일체'를 이룬다는 사실 자체에 있다. 만약 이렇듯 통일적 관계를 형성하지 않고 서로 대립하며 심지어 적대시하기까지 한다면, 끝내 국가 붕괴가 초래되거나 국가가 본질적으로 보존되는 한 그중 하나의 권력이 다른 권력을 자기 편에 종속시키려는 투쟁에 놓이게 된다. 오직 '부정적인 오성(negativen Verstand)'이나 심적인 태도로서는 '천민(賤民)의 사고방식'을 지닌 이들이나 삼권분립을 견제와 균형으로만 파악할 것이다.✦

윤석열 대통령의 '당정일체론'도 대통령이 법 전공자이니만큼 삼권분립에 대한 깊은 통찰에 기초한 것이라 볼 수도 있지 않을까? 만약 그렇다면 '당정분리'니 '삼권분립'이니 하며 대통령을 비판하는 것은 스스로가 삼권분립에 대한 '부정적인 오성'이나 '천민의 사고방식'을 지녔음을 '고백'하는 일에 지나지 않을 것이다. 하지만 애석하게도(?) 그렇게 보기는 어렵다.

윤석열 대통령의 당정일체 시도는 '보나파르티즘화'로 해석될 수 있다. 혜겔은 근대적 입헌군주정이 분업의 원리에 따라 조직된

✦ 혜겔, 『법철학강요』, 임석진 역, 지식산업사, 1989. p. 428.

삼권분립에 기초하기에 가장 이성적이며 동시에 현실적인 정치체제라 보았다. 삼권분립을 전제로 궁극적인 국가적 통일성을 회복하려는 시도가 반복되는 과정 자체가 중요하다. 반면에 마르크스는 그러한 시도에도 불구하고 분업의 원리에 기초하고 있는 한 궁극적인 통일이란 존재하지 않으며, 통일처럼 보인다고 해도 국가적 폭력으로 일시적으로 통일적 관계를 형성한 것처럼 보이는 것에 지나지 않는다고 주장하였다. 마르크스에게 국가적 통일성의 진정한 달성은 코뮌적 형태에서 비로소 달성될 예정이었다. 이미 근대사회는 삼권분립을 폐지하며 진정한 의미의 통일체로 나아가고 있다. 예컨대 공화정은 부르주아 사회 스스로 군주권을 폐기한 정치행태이다.

이제는 입법권과 통치권밖에 남지 않았는데 부르주아 사회가 프롤레타리아트의 세력 형성에 겁을 먹고 자신들의 권력을 나폴레옹 3세, 즉 '황제'에게 바치는 현상이 발생하는데 이를 보나파르티즘이라 한다. 사라진 왕이 황제의 옷을 입고 돌아왔으니 군주권이 부활해야 하지만, 실상 보나파르티즘은 부르주아 사회 스스로 폐기처분한 군주권을 '근대적 독재자'의 형태로 다시금 불러내면서 입법권마저 폐기처분해버리는 과정이다. 삼권분립은 폐지되고 전제군주 이상으로 독재적인 행정권력이 황제의 모습으로 나타난다. 이제 부르주아 사회의 삼권분립은 행정부 수반으로서 황제가 된 보나파르티즘, 통치권밖에 남지 않았다. 마르크스에게 보나파르티즘이란 이처럼 부르주아 사회의 종말로 향하는 길에 나타난

'최후의 반동적 질서'인 것이다. 통치권만 전복시킨다면 근대사회 전체가 무너진다.✦

　보나파르티즘이 그렇듯 윤석열의 당정일체론도 의회 권력을 타도하고 행정권을 가장 순수한 형태로 환원시키고 고립시키는 형태의 정치체제로 보아야 할 것이다. 윤석열의 당정일체론은 당정 간의 '구별'을 무시하고 정당을 행정부 수반의 통치수단으로 전락시키려는 시도로밖에 볼 수 없다. 정계개편을 목적으로 한 윤석열 대통령의 신당(新黨) 창당 발언이 반복해서 나오는 것도 이런 맥락에서 이해되어야 한다.✦✦ 즉, 윤석열의 당정일체론은 '구별'에 기초한 통합이 아니라 구별 자체를 없애버리고 정당의 명예대표로서 입법부와 행정부의 결합을 이뤄내려는 시도에 가깝다. 이렇게 본다면 일부 여권관계자의 말처럼 이른바 '내리꽂기 공천'을 위한 것도 아니고, 윤 대통령은 제왕적 대통령이 되려는 생각 자체가 없

✦　이런 맥락에서 마르크스는 다음과 같이 말하였다. "그러나 혁명은 철저한 것이다. 혁명은 아직 고난 속을 방황하고 있다. 혁명은 자신의 과업을 일정한 방식에 따라 수행한다. … 혁명은 우선 의회 권력을 타도할 수 있도록 의회 권력을 완성하였다. 혁명은 이제 이 과제를 완수하였기 때문에 행정권을 완성시켜 이것을 가장 순수한 형태로 환원시키고 고립시키며 자신의 모든 파괴력을 여기에 집중시키기 위해 행정권을 자신이 맞서야 할 유일한 대상으로 설정한다. 그리고 이 혁명 준비 작업의 나머지 반이 이루어졌을 때 유럽은 현재의 자리를 박차고 일어나서 의기양양하게 외칠 것이다. '두더지 영감! 어찌 그리도 날쌔게 땅을 잘도 파내는가?'"(인용문은 두 번역서를 적절하게 참고하여 재구성하였다. 카를 마르크스, 『프랑스 혁명사 3부작』, 임지현 외 역, 소나무, 1991, pp. 264-265; 『루이 보나파르트의 브뤼메르18일』, 최형익 역, 비르투, 2013, p. 138.)

✦✦　관련 기사 : '윤석열 신당' 창당론?…신평 "尹대통령, 정계 개편 염두에 둔 것 사실 아닌가", 프레시안, 2023년 10월 6일, https://www.pressian.com/pages/articles/2023100615203821660

다⁺고 하는데 사실로 보인다. 제왕적 대통령이 아니라 그야말로 제왕이 되는 길이기 때문이다.

제7공화국 수립으로 제왕적 대통령제를 타파할 수 있을까?

제왕적 대통령제는 삼김시대가 저물면서, 그리고 노무현의 당정분리가 일종의 '정치적 습속'으로 정착되면서 점차 사라진 것처럼 보였다. 하지만 단점정부 경향이 점차 강화되는 과정에서 대통령이 정당 총재로서 공천권을 장악하는 방향과는 다른 방향에서 부활하고 있는 듯하다. 대통령이 여론을 움직여 직접적으로 당을 자신의 통치권에 길들이고 종속시키려는 시도가 윤석열 대통령의 정치적 카리스마와 대중동원력의 한계로 좌절될 위기에 처하자, 아예 당정일체를 내세워 대통령이 당을 장악해 대권과 당권을 통합하려 하고 있다. 이렇듯 대통령제를 둘러싼 정치적 위기가 반복적으로 나타나고 심화되는 추세를 보이자 많은 이들이 제6공화국 체제의 종말과 개헌을 입에 올리기 시작하였다.

대표적인 논자가 장석준이다. 장석준은 신간 『근대의 가을─제6공화국의 황혼을 살고 있습니다』에서 한국의 제6공화국을 '일반

✦ 관련 기사: [단독] 尹, '국민의힘 명예대표' 맡을 수도⋯전대 이후 '당정융합', TV조선뉴스, 2023년 2월 14일, https://news.tvchosun.com/site/data/html_dir/2023/02/14/2023021490171.html

화-제도화된 보나파르트주의'라 규정한다.[*] 이러한 보나파르트주의에서 벗어나기 위해서 그는 민중의 행동과 생태사회주의에 기초한 '제7공화국 운동'이 필요하다고 주장한다. 제6공화국의 헌법이 노동권·생존권 등의 사회개혁 과제를 배제하고 있을 뿐만 아니라 한국사회 자체가 정치와 경제가 완전히 분리된 '경제주의'적 상황에 놓여 있기 때문에 노동의 지위를 보다 완전하게 할 수 있는 새로운 개헌 논의가 필요하다는 게 그의 입장이다.[**]

하지만 일찍이 최장집이 한 칼럼에서 주장했듯이 제도를 바꾸는 것보다는 먼저 권력을 민주적으로 운영하는 방법을 익히고 실천하는 일을 배워야 하며, 그것을 통해 '민주적 리더십'을 발전시킬 수 있어야 한다. 그는 이러한 능력을 축적하지 않는 한 개헌은 기껏해야 수많은 정치공학적 아이디어들이 짧은 사이클로 명멸한 뒤에 여전히 아무것도 변한 것이 없는 현실만 마주하게 된다고 비판한다.[***] 제도에 대한 물신화를 경계하는 주장이기에 경청할 만하지만, 문제는 어떻게 그러한 능력을 축적할 수 있으며 더 나아가 그 능력축적의 주체가 될 '정치 엘리트'를 어떻게 산출할 수 있

---

[*] 장석준, 「근대의 가을―제6공화국의 황혼을 살고 있습니다」, 산현글방, 2022. 인터넷 기사로도 검색이 가능하다. 관련 기사 : 장석준, 6공화국 한국 정치, 민주주의인가 보나파르트주의인가, 프레시안, 2021년 12월 22일, https://www.pressian.com/pages/articles/2021122218514831947

[**] 관련 기사 : [민주노총 정책교육 영상2-②] 우리가 만들어가는 제7공화국 운동, 뉴스풀, 2021년 8월 2일, https://www.newspoole.kr/news/articleView.html?idxno=6545

[***] 관련 기사 : 최장집, 책임정치를 위하여, 경향신문, 2012년 8월 27일, https://m.khan.co.kr/opinion/column/article/201208272053585#c2b

느냐이다.

노무현 전 대통령의 실패가 보여주듯이 정당이 통치행위에 참여하여 일정한 몫을 담당하지 않는 한 '권한'은 없고 '책임'만 지는 상황에서 벗어나기 어렵다. 윤석열 대통령이 지적하는 바와 같이 국정운영의 난점 또한 고려해야 한다. 정당과 행정부의 수반인 대통령이 일정한 권한을 나눠 갖고 동시에 함께 책임지는 구도를 먼저 만들어낼 수 있어야 한다. 개인적으로 개헌보다는 '책임총리제'를 보다 완전하게 정비하는 것이 좋다고 본다. 이것을 실현하기 위해 반드시 개헌을 할 필요는 없다.

내각제적 특질을 지닌 한국형 총리제도를 활용하여 대통령에게 집중된 권한을 총리에게 분산시키는 대신 총리를 중심으로 한 정당이 그 부분을 책임지는 방식으로 일정한 합의를 도출해내는 것이 중요하지 않을까 한다. 여기에는 반드시 의회 내부의 다수당만이 포함되는 게 아니라 몇몇 복수 정당들이 모여서 합의를 통해 총리를 선출하는 방식으로 진행될 수도 있을 것이다. 대통령의 가장 근본적이며 고유한 권한인 외교와 국방을 제외한 나머지 권한 중 일부 혹은 전부를 대통령이 집권여당 및 그와 연대한 정당들에게 넘겨주는 대신, 정당(들)은 의회 내부의 협약을 통해 인민들에게 이를 공표하여 다음 선거에서 정치적 책임을 지게 하는 방식으로 한다면 책임정치의 구현은 보다 용이해질 것이다.† 협의에 따라서는 소수정당들이 내각에 참여할 수 있는 길이 열릴 수도 있다. 정치적 야합이라 비난받을 수 있지만, 대통령제가 지닌 장점과 책임총리제의 장점이 잘 어우러지는 결과가 나올 수도 있다.

물론 현실적으로 책임총리제 도입은 대부분 대통령의 권력이 약화되었을 때 정국전환을 위한 방편으로 쓰여왔기 때문에 실현 가능성이 낮다고 할 수 있다. 하지만 무수히 많은 관련 연구들을 고려한다면 한국에서 책임총리제가 꼭 실패한다고 예단할 필요는 없어 보인다. 무엇보다 대통령에게 집중되어 있는 권한이 분산될 수 있도록, 그걸 받아줄 수 있는 사회적 '주체'로서 정당의 역량을 키울 수 있는 방안 중 하나다. 정당들이 사회적 주체로 자립하여 대통령과 대등하게 마주할 수 있을 때 비로소 당정분리든 당정일체든 간에 '구별'에 기초한 '통일체'의 형성을 시도해볼 수 있다. 책임총리제가 그 묘수가 되기를 바란다.

✦ 이와 유사하게 책임총리제를 총선과 연계시키는 방식의 책임총리제 도입 주장을 과거 김일영 교수가 한 칼럼에서 주장한 적이 있다. 관련 기사 : 김일영, [금요칼럼] 책임총리제 총선에 맡기자, 동아일보, 2009년 10월 10일, https://www.donga.com/news/article/all/20031113/8000929/1

2장

제발 좀
'기득권'을 지켜달라

시민단체로 침투하는 전제주의를 막아라

앞서 1부의 1장에서 다루었던 문제를 다시 한번 반복하려 한다. 제목 그대로 제발 좀 '기득권'을 지켜달라고 말하고 싶다. 한국에서 전제주의가 사회에 개입하고자 할 때는 대부분 '기득권'을 혁파하겠다는 방식을 취하는데, 그 과정에서 시민사회의 자율성이 파괴되곤 한다. 이런 맥락에서 제발 '기득권'을 지켜달라 말하는 것이다. 이 장에서는 전제주의의 시민사회 침투를 어떻게 제어할 것인지를 다루려고 한다.

노조의 회계 투명성 제고가 노동시장 문제와 무슨 상관?

1부의 1장에서 말한 바와 같이 '노사법치주의'라는 괴상한 용어를 들고 나온 시점에서 윤석열 정부는 노동조합, 특히 정규직 노동조합을 공격하여 무너뜨리겠다는 의지를 선명하게 드러냈다. "국민의 혈세인 수천억 원의 정부지원금을 사용하면서 법치를 부정하고 사용 내역 공개를 거부하는 행위에 대해서는 단호한 조치를 할 수밖에 없다"✦는 서슬 퍼런 선언은 결국 연내에 실현되었다. 여전히 법치와 준법을 구별 못하는 것도 문제적이지만, 노조 개혁과 노조의 회계 투명성이 대체 무슨 관련이 있는지 아직도 이해하기 어렵다.

일반적으로 청년노동 등의 문제를 해결하겠다고 한다면 당연하게도 노동시장의 이중구조 문제를 해소해야 하는데, 노동시장의 이중구조 해소가 노조의 회계 투명성과 대체 무슨 연관이 있다는 건가? 과문해서 그렇겠지만 노동시장의 이중구조 해소가 노조의 회계 투명성과 관련 있다는 이야기는 처음 들어본다. 노동시장의 이중구조 해소와 '회계'라는 단어가 연결되려면, 저임금 노동에 소득기준으로 일반회계 재정을 투입하여 사회보험료를 환급해주는 정책을 논하는 맥락에서나 가능할 것이다. 다시 말해서 사회적 보호 차원에서 정부 재정의 개입 정도를 따질 때나 회계란 말이 나올 수 있다. 노조의 회계 투명성이 도대체 노동시장 문제를 해결하는 것과 무슨 연관이 있는지 정말 모르겠다. 이해가 안 되니 정부

✦ 관련 기사 : 尹 "수천억 혈세 사용내역 거부하는 노조엔 단호한 조치", 이코노미스트, 2023년 2월 20일, https://economist.co.kr/article/view/ecn202302200066

의 논리를 좀 더 살펴보도록 하자.

고용노동부 기획조정실 보도에 따르면, 노조의 회계 투명성 제고를 주장하는 맥락은 '법치 기반의 노동개혁' 수행 차원에 있다. 윤석열 정부는 한국의 현행 노동시장에 법을 경시하는 풍조가 만연하고, 노사갈등 시에 정부에 과도하게 의존하는 불합리한 관행이 있다고 본다. 또한 1953년 제정된 근로기준법이 70여 년간 유지되는 등 낡은 규범이 잔존하고 있어 변화하는 노동시장에 대응하지 못하고 있다고 본다. 따라서 잘못된 관행을 바로잡고 낡은 규범을 바꾸는 것을 목표로 한다고 할 수 있다. 그런 맥락에서 일단 잘못된 관행을 고치기 위해 ▲노동조합 회계 투명성 제고 ▲불법·부당한 관행 개선 ▲5대 불법·부조리 근절 ▲근로시간 제도 개선 ▲근로자대표 제도 개선, 파견제도 선진화 ▲중대재해 감축 로드맵 이행 ▲산업안전 규제의 과학화·산업화 등을 시도한다고 한다.[✦]

정부 측 논리를 살펴보았지만, 노조의 회계 투명성 제고가 도대체 잘못된 관행과 무슨 관련이 있는지 여전히 이해되지 않는다. 윤석열 정부는 "노동조합이 시대변화에 발맞춰 사회적 위상에 걸맞는 책임을 다할 수 있도록 운영과 회계의 투명성을 제고한다"라고 노동조합의 회계 투명성 제고의 목적을 명시하고 있다. 다시 말

✦   이상의 내용은 노동 개혁, 이중구조 해소를 위한 흔들림 없는 전진, https://eiec.kdi.re.kr/policy/materialView.do?num=234409&topic= 에서 인용하였다.

해서 노동조합이 사회적 위상에 걸맞은 '책임'을 질 수 있도록 '운영과 회계의 투명성을 제고'해야 한다는 것이다. 일반적인 맥락에서 노동조합의 사회적 위상이 예전과 달라졌으니 그에 걸맞은 책임을 질 수 있도록 정부 입장에서 어떠한 조치를 취하겠다고 한다면, 기본적으로 그 대상인 노동조합과 대화를 하여 그들이 사회적 위상에 맞게 짊어져야 할 '책임'이 무엇인지를 명확하게 규정하고, 그에 따라 그 책임을 수행할 수 있도록 '유도'해야 한다. 당연하게도 이 모든 과정은 노동조합의 '자율성'에 기초해 진행되어야 한다. 정부 또한 이러한 사실을 인지하고 있기에 보도자료에서도 '자율점검 기간', '자율적 공시를 유도' 등의 표현을 사용하며 노동조합의 자율성을 강조하고 있다. 정부의 행태를 보면 여기서 논의된 '책임'이라는 말은 '책임을 지도록 한다'가 아니라 '책임을 묻다'라는 의미로 사용되고 있다.

논리로는 도무지 이해되지 않으니 나름대로 '소설'을 써보자면, 2023년 말 상황에서 정부가 노조를 공격하는 가장 근본적인 이유는 결국 이해관계 대립 때문일지도 모른다. 윤석열 대통령은 매우 강한 어조로 건설노조를 '건폭(건설폭력배)'이라 부르며 공격하였다. 노동조합이 부패한 깡패집단이라는 말이다. 그 말의 적절함을 따지는 것과 별개로 왜 이렇게까지 적대감을 드러내며 공격하는지 생각해보면 침체되어 있는 부동산 시장과 연결될 수 있다. 건설사들은 지금과 같은 상황에서 가장 먼저 인건비를 줄일 수밖에 없는데 쉬운 일이 아니다. 건설 관련 인력시장은 생각보다 복잡해서 현장에서 유동적으로 건설노조 등이 일정한 중개비를 받고 노동인력을 공급하는 역할을 수행한다. 불법 다단계 하도급과 복잡한 문제들이 일어나는 이유이기도 한데, 결국에는 건설인력시장에서 노동력을 어떤 방식으로 공급할 것인가를 논의해야 한다. 건설현장에서 나타나는 노조의 채용 강요, 공사 방해, 금품 요구 등의 현상은 궁극적으로 노동력 수급의 문제이다. 아무리 정부가 특별단속을 하고 노조를 '건폭'이라 부르며 공격하더라도, 시간이 지나면 이런 문제가 다시금 생겨날 수밖에 없다. 실제로 이후 상황을 보면 2024년 3월 13일자 동아일보 사설은 다음과 같이 말하고 있다.

> 건설 현장 곳곳에서 노조의 불법 행위가 다시 기승을 부리고 있다. 지난해 정부가 '건폭(건설 현장 폭력)과의 전쟁'을 선포하며 특별단속을 벌인 뒤 주춤했던 노조의 채용 강요, 공사 방해, 금품 요구 등이 되살아나고 있는 것이다. 건설노조의 압박이 인건비 상승으로 이어져 가뜩이나 치솟고 있는 공사비를 부채질한다는 우려가 커지고 있다. … 이런데도 건설노조의 불법 행위를 막기 위한 법안들은 10개월 가까이 국회 문턱을 넘지 못하고 있다. … 정부와 경찰이 지난해 건폭을 몰아내겠다며 특별단속 기간에만 힘을 쏟다가 사실상 손을 놓은 건 아닌지 돌아봐야 한다.✦

✦ 관련 기사 : [사설] '건폭' 몰아낸다 했는데, 건설노조 불법 다시 기승, 동아일보, 2024년 3월 13일, https://www.donga.com/news/Opinion/article/all/20240312/123942159/1

단속으로 제어할 수 있는 문제가 아니다. 건설노동자들이 건설노조에 가입하는 이유를 들어보면 명확하다. 어느 건설노동자의 지적에 따르면 역시나 '임금' 때문이다. 건설노조에 가입하기 전에는 불법하도급 업자들에 의한 중간착취가 일상적이어서 '똥떼기', '스메끼리(유보임금)' 등에 시달렸지만, 건설노조에 가입하자 이런 일이 사라졌다고 한다. 중간착취자를 통하지 않고서도 임금을 온전히 받을 수 있을 뿐만 아니라 노동조건 개선을 꾀할 수도 있었다. 노동조합이라는 울타리가 있었기에 '무리한 속도전'과 같은 위험한 일을 줄일 수 있었다.✦

건설노조의 존재는 건설기업뿐만 아니라 부동산 문제를 처리하는 정부 입장에서도 '불편'할 수 있다. 윤석열 정부 입장에서는 건설사들의 이해관계를 정부가 대변하여 건설노조를 공격하는 방식으로 임금 등의 문제를 선제적으로 차단하고, 혹여나 불경기에 나타날 수 있는 분규 가능성을 제거할 필요성을 느끼고 있을 수도 있다. 부동산 경기를 어떻게든 끌고 가야 하는 정부로서는 단순히 대출 등의 금융만을 손봐서는 부족하고, 노동인력을 강하게 통제하여 임금 문제 또한 선제적으로 해결해줄 필요가 있다. 이미 화물연대를 폭력적으로 제압하고 그것으로 지지율 효과를 본 윤석열 정

✦ 이상의 내용은 다음의 기사에 의거한다. 관련 기사 : "건설노조 왜 가입했냐고요? 돈 떼먹힐 일은 없으니까", 프레시안, 2024년 10월 29일, https://www.pressian.com/pages/articles/2024102409301529663

부 입장에서는 건설사들의 이해관계를 배려해줄 수 있을 뿐만 아니라 부동산 시장을 원하는 방향으로 일정하게 끌고 갈 수도 있고 지지율 효과까지 기대할 수 있으니 금상첨화 아니겠는가. 물론 모두 '소설'에 지나지 않는다. 이런 소설을 쓰지 않고서는 도무지 이해할 수 없는 행태이다.

정부와 시민단체 간의 관계에서 드러나는 전제주의의 참모습

앞서 말하였듯이 윤석열 정부는 입법부를 거치지 않고 '직접' 사회와 마주한다. 어떤 방식으로? "저기에 불법이 있다"고 선언하는 방식으로. 노조부패, 노조법치주의, 건폭 등의 괴상한 조어들을 앞세워 무언가 '불법의 여지'가 있다며 시민단체들을 공격한다. 아무런 문제가 없어도 마찬가지다.

윤석열 정부는 정부의 재정지원금이 노조에 들어간다는 이유로 조합원이 낸 조합비로 운영되는 회계장부까지 모두 공개하라고 요구하였고 관철시켰다. 정부지원금과 관련도 없는 자율적인 자치의 영역에까지 국가가 개입한 것이다. 회계공시 결과 한국노총 가맹 노조 공시율은 94.0%였으며, 민주노총은 94.3%로 나타났다. 무엇이 공개되었을까? 정부와 지자체의 보조금 비중은 63억 원, 전체 총수입의 고작 0.7% 수준이었다. 그걸 이유로 노조의 재정을 살펴보겠다고 한 것이었다.

실제로 회계공시를 한 조합원 1천 명 이상의 노조가 2022년 올린 수입 8,424억 원 중 조합비 수입은 무려 7,495억 원, 전체 수입의 89%나 되었다. 0.7%와 89%의 차이가 보이는가? 이정식 장관은 이를 두고 "노조의 적극적인 참여로 노동조합 회계 투명성이 한 단계 더 높아질 수 있는 전기가 마련됐다"며 "노동운동에 대한 조합원과 국민의 신뢰를 높일 뿐 아니라 우리 사회 전반으로 투명성이 확산되는 계기가 될 것이라고 확신한다"고 말했지만, 민주노총과 한국노총 모두 흥미 위주의 가십거리 이외에는 아무런 내용도 없는 내역에 지나지 않으며 조합원과 비조합원이 노조를 선택하는 데 활용할 만한 자료도 아니라고 비판하였다.✦

하지만 이와 같은 양대노조의 항변은 별 의미가 없다. 국가의 의지가 관철되었다는 사실 자체가 중요하다. 사회적 중간집단으로서의 노동조합과 같은 사적 결사체들을 국가의 지배 아래 두었다는 사실 자체가 중요하지, 그 내용이 중요한지 사소한지는 별 의미가 없다. 무엇보다도 이러한 노동조합 탄압이 대중들의 광범위한 지지를 받고 있다는 사실 자체가 '전제주의'의 진면모를 드러낸다. 시민사회 내에서 어느 곳에 속하지 못한 채 '원자화된 개인'으로 존재하는 이들의 입장에서 사회 곳곳에 존재하는 사적 결사체

✦ 관련 기사 : '총수입·인건비' 공개했다고 노조회계 투명성 강화될까, 매일노동뉴스, 2023년 12월 6일, https://www.labortoday.co.kr/news/articleView.html?idxno=218668

들은 그들만의 리그, 카르텔을 형성하고 있는 것처럼 보인다. 전제 주의적 국가는 그런 개인들을 자신의 지지기반으로 삼아 사적 결사체들에 대한 공격을 정당화하곤 한다.

이런 전제주의 아래서는 사회적 중간집단으로서의 자발적인 결사체, 즉 '공동체'가 유지될 수 없다. 1부 2장의 보론에서 '사회유형으로서의 전제주의'를 제기하며 공동체를 규정하는 다섯 가지 조건을 지적한 바 있다. 인용을 해보겠다.

이렇게만 말하면 또 오해가 생길 수 있습니다. 사실 사람 사는 게 다 비슷비슷합니다. 전근대 아시아 사회라 해서 공동체가 없는 것도, 개인이 없는 것도 아니었듯이, 대체로 서로 의존하여 무리를 이루고 산다는 의미에서 전근대사회 어느 곳에서나 '공동체'가 존재했고, '개인'도 존재했다 할 수 있을 것입니다. 위의 논의에서 '전근대' 공동체라 하는 것은 보통 다섯 가지 기준을 모두 충족할 때를 의미합니다. 어떤 '인적 결합체'가 공동체로 규정되기 위해서는 다음 조건을 갖추어야 합니다.

1) 구성원 간의 '평등성'. 구성원 상호 간에 권리의무의 일정한 차별은 존재할 수 있어도 한 개인이 타인을 신분적으로 지배해서는 안 됩니다. 이런 의미에서 유럽의 봉건영주조차도 공동체의 한 구성원에 불과했습니다.

2) 공동체의 가입·탈퇴 불가능성. 1)의 전제조건을 전제로 인적 결합체가 자발적인 가입의사와 무관하게 생득적으로 강한 귀속의식을 느끼는 대상이 되어야 합니다.

3) 단체의 법인격성. 이 귀속의식을 전제로 하여 인적 결합체는 하나의 독

자적인 권위체 혹은 '법인격'으로서 성립해야 합니다.

4) 공동체 존속을 위한 물적 토대로서의 공동 재산이 필요하며, 그것이 공동체 구성원의 삶과 연결되어 특정한 기능을 수행해야 합니다. 아니더라도 최소한 공동체의 물적 토대로서의 재산이 존재해야 합니다.

5) 마지막으로 공동체는 공동기능의 존재와 수행이 필수적입니다. 이렇게 해야 하나의 공동체로서 자립적이고 독립적인 영역이 되어 국가조차 함부로 개입하여 해체시키거나 개인이 함부로 이탈, 유입되어 공동체를 형해화하지 못합니다.

이런 조건에서만 인적 결합체가 공동체로 규정될 수 있고, 유럽과 일본은 그러한 공동체들이 다수 존속하며 근대국가로 이행했습니다. 너무 엄격한 개념규정인 듯하지만, 어찌됐든 핵심은 공동체가 국가와 개별적인 개인으로부터 독립하여 자신만의 독자적인 질서를 형성하고 그에 따라 공동체 구성원들을 규율하며, 하나의 집단이라는 귀속의식과 경제적인 토대에 기초해 재생산되는 것을 의미합니다. 가입·탈퇴의 불가능성만 제외한다면 근대적 공동체도 대체로 이러한 개념규정을 따릅니다. 근대적 대표제는 이러한 복수의 공동체, 시민사회의 영역에 기초하여 확장됩니다. 과연 이러한 의미의 공동체가 한국에 존재할까요? 저는 그렇지 않다고 봅니다. 오히려 전제주의적 정치가 그런 공동체가 생길 여지마저 없애버리는 게 한국사회의 특질입니다.

이상의 인용에서도 언급하였듯이 시민들의 자발적 결사체가 존속되기 위해서는 아래로는 개인의 '자유로운' 유입과 유출에 의

한 형해화를 막아야 하고, 위로는 국가의 자의적 개입을 견제할 수 있어야 한다. 노동조합이 조합원이 낸 조합비로 운영된다는 것은 노동조합이 스스로 자신의 경제적 기반을 마련한다는 것을 의미한다. 시민단체의 재정자립도에 관한 연구들을 살펴보면, 의외로 한국 시민사회의 정부 재정 의존도는 그다지 높지 않다는 것을 알 수 있다. 34개국으로 평균을 냈을 때 시민단체의 정부 수입이 34% 수준인데 반해 한국은 24%에 지나지 않으며, 한국의 경우 회비를 포함한 사업 수입이 71%를 차지하여 회비와 수수료가 53%, 기부금이 12%인 34개 국가에 비해 개인이나 기업 등의 기부금 비중(4%)이 생각 이상으로 낮다. 영국이나 미국도 정부 재정 의존도가 30%로 생각보다 높다는 점을 고려한다면, 한국의 시민단체는 오히려 회원의 납부금으로 재정을 운영한다는 점에서 '자립도'는 더 높게 보일지 모른다.✦ 그렇다면 이것을 긍정적으로 보아야 할까?

한국에는 시민단체에 대한 정부의 재정지원을 보장하는 법률체계로 국가보조금 법률, 3대 관변단체(새마을운동중앙회·한국자유총연맹·바르게살기운동협의회)를 지원하는 특별법, 그리고 2000년 제정된 비영리민간단체지원법 등이 있다. 기본적으로 국가보조금 제도는 이승만 정권기에 반공연맹 등의 관변단체들을 지원하

✦   주성수, "정부와 시민사회의 재정적 관계", 시민사회와NGO vol.15,no.2, 시민사회와NGO, 2017, pp. 3–33.

면서 역사가 시작되었다. 앞서 언급한 3대 관변단체들 또한 박정희 정부기에 여러 특혜를 받았고, 그것을 뒷받침하기 위한 특별법들이 존재한다. 지금까지도 이들에 대한 여러 특혜가 존재한다. 예컨대 한국자유총연맹 육성에 관한 법률은 노태우 정부 시기에 제정되었는데 각종 보조금, 국공유재산 대부, 조세 감면 등의 혜택이 주어진다. 이런 관변단체 외에 우리가 알고 있는 일반적인 비영리 시민단체들은 대부분 김대중 정부 시기부터 체계적으로 정부 지원을 받기 시작하였다. 그런데 지원 내역을 보면 전체 보조금 중 무려 41%가 관변단체에 편중되어 있다.✦

게다가 이러한 지원은 집권정당의 성격에 따라 결정된다는 점에서 가변적일 뿐만 아니라 블랙리스트나 화이트리스트 작성 사례에서 알 수 있듯이 정치적 성격이 강하다. 시민단체 상당수가 회원들의 회비나 기부금으로 운영되는 상황에서 소득공제혜택을 줄 것인지 말 것인지와 같은 문제는 상당히 중요한 의미를 지니게 된다. 국가와 정치의 영향력에서 벗어나기란 쉽지 않다.

물론 반대 경우도 나타날 수 있다. 정치적 영향력에서, 국가의 보조금에서 거의 완전히 벗어난 대표적인 경우가 참여연대이다. 참여연대 스스로가 말하고 있듯이 김대중 정부기에 비영리단체 지원 체계가 갖춰졌지만, 그때부터 이들은 회원들의 회비와 자체적

✦   주성수, "정부와 시민사회의 재정적 관계", 시민사회와NGO vol.15,no.2, 시민사회와NGO, 2017,
     pp. 3–33.

200

으로 운영하는 수익사업으로 재정자립도를 이뤄왔다. 그 결과 참
여연대는 정권의 변천에도 불구하고 독자적인 활동을 이어갈 수
있었다. 시민단체라면 으레 재정지원을 받는다고 생각한 보수단체
의 신고로 이명박 정부가 재정지원을 받지도 않는 참여연대의 지
원금을 끊겠다고 한 웃지 못할 일도 있었다.[✦]

　이처럼 현재 한국사회에서 시민단체는 크게 두 부류로 양극화
되어 있다. 정권의 성격에 따라 재정 의존 정도가 달라지는 시민단
체 집단이 있고, 그렇지 않고 나름대로 자율성을 지녔지만 유럽 등
에 비해 상대적으로 적은 국가지원, 사업 참여 등을 보여주는 시
민단체 집단이 있다. 한국의 근대국가와 관료제는 대중적·정치적
동원에는 전자를 활용하지만, 정책입안 등 전문적인 영역에서는
후자와 협력하는 듯하다. 국고보조금에 극단적으로 의존하는 관변
단체와 완전히 자립한 시민단체 사이에 중간 영역이 존재하지 않
는 것이다.

　이런 상황을 긍정적으로 보기는 어렵다. 근대사회에서 시민단체
등의 중간 단체를 만드는 기본적인 이유는 '개인의 자발성'을 최대
한 이끌어내기 위함이다. 근대사회는 개인의 자발적 협력에 기초
하여 움직인다. 굳이 하려고 한다면 국가가 전시체제 같은 극단적
인 경우를 가정해 개인을 개별적으로 모두 장악하고 목적에 따라

✦　관련 기사 : 웬 '헛발질'?…"원래 없던 참여연대 지원금을 끊겠다고?", 프레시안, 2010년 6월 15
　　일, https://www.pressian.com/pages/articles/101147

동원할 수도 있을 것이다. 하지만 그것은 효율적이지도 않고 궁극적으로는 개인의 자유를 침해하게 된다. 그렇기에 일반적인 근대에서는 근대국가가 시민사회의 모든 영역에 개입하거나 장악하려 하지 않고 개인의 자발성에 기초해 형성된 단체, 조직 등을 기반으로 하여 간접적으로 영향력을 행사했던 것이다.

개인의 의지와 국가 전체의 의지는 시민단체라는 중간적 존재를 매개로 합치되면서 더 높은 수준의 사회통합과 국가 능력의 효율적 활용이 가능해진다. 그런 의미에서 시민단체란 개인들의 자발성에 기초하여 형성된 사적(私的) 결사체이면서 동시에 일정 정도 공적(公的)인 성격도 지니고 있다. 이와 같은 시민단체들과의 협력 관계 속에서 국가는 자신의 능력을 관료제로 제한하지 않고 시민사회 영역으로까지 확장하기 때문에, 복지국가 등 현대국가로 올수록 공적 영역과 사적 영역 간의 엄격한 구별이 어려워지는 특징이 나타나게 된다. 대표적인 현상이 바로 시민단체에 많은 정부 재정이 투입되는 것이다. 정부 재정을 받는 시민단체는 그 자체로 공적인 성격도 지니게 되지만, 엄연히 개인들의 자발적인 결사체이기 때문에 사적인 성격 또한 갖고 있다. 이런 점에서 공사의 경계가 모호한 영역이 확장되지만, 그 과정에서 근대국가는 관료제를 넘어서는 영향력과 대중동원력을 갖게 된다.

이런 맥락에서 헤겔은 국가체제란 '매개의 체계(System der Ver-mittlung)'이며, 개인의 자유가 보장되는 만큼 더 많은 세금을 내게 된다고 말한다. 국가권력의 확장이 곧 자신과 타인의 자유가 확장되어가는 과정이기 때문이다. 헤겔에 따르면 입헌국가의 대표격인 영국만큼 많은 조세가 납부되는 곳은 없으며, 반대로 오직 군주와 인민만이 존재하고 사회적 중간집단과 의회제도가 제대로 존재하거나 기능하지 않는 '전제국가'에서 만약 민중이 행동을 시작한다면 이는 오직 조직에 반항하는 파괴적 집단으로서일 뿐이다. 매개수단이 제대로 기능하지 못하기 때문에 군중의 자기주장은 언제나 '거칠게' 나타날 수밖에 없으며, 그런 이유로 전제국가의 전제군주는 국민을 감싸고 돌면서 언제나 자신의 노여움을 오직 측근에게 돌리곤 한다. 이런 전제국가에서는 국가의 능력 확장이 개인의 자유와 합치되지 않거나 그렇게 느끼기 때문에 전제국가의 국민은 극히 소액의 조세만을 지불한다.[✦]

헤겔의 시선으로 보면 한국의 정치 상황은 입헌국가보다는 전제국가에 가깝다. 개인과 국가의 중간에 위치하는 시민단체 및 의회와 같은 집단들이 제대로 기능하지 못하고, 그에 따라 국가 재정도 적절히 분배되지 못한다. 때문에 사실상 개인과 국가 사이에 아무것도 존재하지 않는 전제국가적 상황에 놓이게 되고, 대중들은 언제나 '조직에 대항하는 파괴적 집단'으로서 중간적 집단들을 '기득권'으로 몰고 공격하게 된다. 전제군주는 대중의 공격이 자신을 향할지도 모른다는 우려 때문에, 혹은 자신도 전제주의에 오염

✦ 헤겔, 『법철학』, 임석진 역, 지식산업사, 1989, p. 475.

되어 있어서 개인과 국가를 적절히 매개하려 노력하기보다는 측근들, 예컨대 대통령실의 잘못으로 돌리거나 사회에 기득권 집단이 있어서 문제라는 식으로 말하게 된다.

전제주의적인 윤석열 정부도 시민단체들이 막대한 세금을 전용하며 자신들의 배만 불렸을 뿐만 아니라 특정 정치세력, 즉 민주당을 정치적으로 지지하는 입장을 지녔다며 공격한다. 시민단체를 후원하기 위한 '시민사회 활성화와 공익활동 증진에 관한 규정'을 폐지하고자 하는 게 대표적인 사례다.✦

정부와 시민단체가 적절하게 협력하면서 국가의 능력이 확장되는 것이 아니라, 주기적으로 정권이 교체되기만 하면 곧바로 시민단체가 특정한 정치적 지향성을 지녔다는 식으로 몰아붙이며 그들과의 관계를 폐기한다. 이런 상황에서는 아예 지원금을 받지 않는 참여연대 같은 단체들만 남게 된다. 그렇다고 해서 참여연대가 정치적 성향이 없거나 정치세력 중에서 민주당이나 정의당 등과 연관이 없는 것도 아니다. 참여연대를 굳이 비난하고 싶지는 않지만 참여연대 출신 다수가 문재인 정부와 긴밀하게 협력하며 핵심 요직에 진출한 것도 사실이다. 그렇다고 해도 참여연대와 같이 자립할 수 있는 시민단체들은 앞으로도 계속해서 존재할 것이다. 이

✦ 관련 기사 : 윤석열 정부, 시민단체 밥줄 끊나… 대통령령 '시민사회 활성화 규정' 밀실 폐지 추진, 경향신문, 2022년 9월 6일, https://m.khan.co.kr/national/national-general/article/2022090 61345001#c2b

런 상황에서 한국의 보수파들은 참여연대의 재정자립도도 모르면서 진보성향 단체들을 무너뜨리겠다고 국가의 시민단체 지원을 끊어버리고 있다. 그 결과는 무엇인가? 적절하게 국가와 협력하면서 자립해야 할 집단들이 정부가 몰고 온 파도에 휩쓸리며 중간 영역이 사라지는 것이다. 개인과 국가 사이를 매개할 집단을 제거한다는 점에서 '전제주의'의 한 형태로 볼 수 있다.

이런 상황을 타개할 방법, 그리고 보수파들이 문제 삼는 참여연대와 같은 시민단체들이 줄어드는 유일한 방법은 중간층을 더욱 두텁게 만드는 것이다. 시민사회 영역을 튼튼하게 만들고 다양한 시민단체들이 더 많아지면 된다. 하지만 그러한 선택을 하지 않는다.

제발 기득권을 지켜달라

그럼에도 불구하고 노동조합의 투명성, 공개성 등이 올라가야 한다고 생각할지도 모르겠다. 쟁점은 간단하다. 경향신문의 기사를 길게 인용해보겠다.

회계자료를 둘러싼 노·정 간 갈등은 결국 법원에서 판가름이 날 것으로 예상된다. 노동계와 정부는 노조가 재정에 관한 장부·서류를 작성해 주된 사무소에 비치하도록 한 노조법 14조를 두고 다른 해석을 하고 있기 때문이다. 노동부는 노조에 증빙자료로 표지와 내지 각 1쪽을 첨부하도록 요구하고 있다. 의무 이행을 하고 있는지 확인하기 위해선 표지뿐 아니라 내지도 필요하다는 취지다. 하지만 양대 노총은 노조가 내지까지 제출할 의무는 없다고 반박하고 있다.

민주노총 법률원은 "노조법 14조가 재정에 관한 장부·서류를 비치하라고 한 것은 노조 운영의 민주성을 확보하기 위해 구성원 전체에게 공개돼야 한다는 것이지, 행정관청이 이를 관리·감독하도록 하라는 것이 아니다"라고 밝혔다. 장부·서류는 조합원에게 공개하면 충분하다는 것이다. 회계자료 내지까지 제출하라는 노동부 요구에 대해선 "월권행위"라고 규정했다. 법률원은 "노동부 요구는 조합원들에게도 인정되지 않는 회계자료 등에 관한 등사권을 요구하는 것"이라며 "노조 조합원도 회계장부 등 자료의 열람을 넘어 등사청구권은 허용되지 않는다는 것이 법원 판결"이라고 설명했다.

노동부는 자료 제출 근거로 '노조가 행정관청이 요구할 경우 결산 결과, 운영 상황을 보고해야 한다'는 노조법 27조를 언급하고 있다. 노동계는 노조법 14조에 있는 '재정에 관한 장부·서류'와 27조에 있는 '결산 결과'는 다르다는 입장이다. 전자는 그야말로 회계와 관련된 원자료이고, 후자는 가공된 자료이기 때문에 구분해야 한다는 것이다.✦

다시 말해서 국고보조금이 들어간 영역이 문제가 아니라, 사적

✦ 관련 기사 : 노동계 "정부, 돈으로 겁박…직권남용", 경향신문, 2023년 2월 20일, https://www.khan.co.kr/national/labor/article/202302202113015

자치의 영역인 조합 운영 관련 회계자료까지 모두 정부에 제출해야 하는지의 여부가 쟁점이다. 이미 정부는 기부금 운영에 관한 자료를 다 가지고 있다. 정부가 설마 국고보조금 사용내역을 파악하지 못하겠는가. 그와 관련해 노조가 대체 무엇을 공개해야 한다는 말인가? 정부 시스템(e나라도움)을 열어보면 다 나온다. 거기에 횡령이라든지 부적절한 사용이라든지 어떠한 문제가 있다면, 정부가 지원을 하지 않으면 된다. 정부가 돈줄을 쥐고 있지 노조가 쥐고 있는 게 아니다. 이런 상황인데도 불구하고 윤석열 정부는 일반 회계장부까지 정부에 공개하라며 전혀 다른 문제인 지원금과 연계하고, 조합원들의 세액공제까지 문제 삼으며 검토하겠다고 압박하고 있다.

이렇게까지 노조를 압박해야 할 타당한 이유가 있는 것도 아니다. 앞서 보았듯이 노조의 회계 투명성을 제고하겠다는 것인데, 기본적으로 이건 조합원들이 '자발적'으로 요구할 일이다. 근대사회에서는 '개인의 자발성에 기초한 문제제기→의제화 및 공론장에서의 토의→행정영역 및 입법영역에의 반영'이 '정상적인' 경로이다. 그래야 여러 매개작용을 거치면서, 달리 표현하자면 공개적으로 토론하고 검증하면서 개인이 문제제기하고 자신의 이해관계에서 다룬 문제가 사회 차원의 보편적 이해관계와 합치될 수 있기 때문이다. 그런데 전제주의적 사회에서는 조합원들의 문제제기나 이의가 있는 상황도 아닌데 정부가 자의적으로 노조의 사회적 위상에 맞는 책임을 강제하겠다며 공격하는 일이 일어난다. '행정영역의 실천→사회적 논란→강제→법적 다툼'이 한국에서는 일반적인 경로가 되어버렸다.

이런 식으로 시민사회에 개입하는 것은 그 자체로도 사적 자치의 영역을 파괴한다는 문제가 있지만, 앞으로의 사적 자치를 불가능하게 만든다는 점에서 더욱 문제가 크다. 예컨대 노동조합의 회계 투명성 제고를 위한 국가 개입을 정당화하는 과정에서 너무나 쉽게 그 정당화 기제가 다른 사항에까지 적용된다. 노동조합의 회계를 이런 식으로 공개하였으니 다른 사회단체들 또한 동일하게 모두 공개하는 게 옳다는 식으로 '윤리화' 혹은 '규범화'하게 된다. 그때그때의 구체적 상황을 보고 판단하기보다는 도식화하여 적용해버리는 쉬운 길을 택하는 것이다. 이 과정에서 정치는 사라진다. 한국사회에서는 이런 식의 도덕화·규범화·도식화가 너무도 쉽게 일어난다.

또 다른 예를 들어보자면 조국 사태 때 결론이 무엇이었는가. 앞으로 나올 모든 후보자들이 조국과 똑같은 정도의 조사를 받아야 한다는 것이었다. 조국에 대한 수사가 과했다는 점을 인정하더라도, 이렇게 상대를 공격하려는 의도로 문제를 논의하기 시작한다면 앞으로도 노조뿐만 아니라 모든 개개인들의 생활세계를 모두 공개하고 처벌해야 한다. 북서유럽의 사회민주주의적 복지국가처럼 모든 내역서를 투명하게 공개하는 사회를 지향해서 그렇게 말하는 것이 아니라, 우리 진영만 이렇게 당할 수 없다는 '원한'에 기초하여 사회 전체를 일원화시켜버리는 것이다. 그 끝에 남는 건 개인정보를 무제한적으로 열람하고 활용할 수 있는 국가의 전제화 밖에 없을 것이다. 이런 식의 구체성이 결여된 규범 창출은 국가가 활동할 수 있는 여지만 키운다.

윤석열 정부는 이러한 고민 없이 규범 창출을 시도하고 있다. 지금까지의 상황을 보면 윤석열 정부는 본인들이 '적(敵)'이라 생각하는 집단을 공격하는 일정한 패턴을 보인다. 지금 '노사법치주의'를 내세우면서 회계부정 문제를 꺼내는 정치적 목적은 민주노총 등 노동조합 내부의 자금 흐름을 파악하여 하나하나 문제 삼기 위함이다. 좀 더 자세히 말하자면, 노동조합이 지출한 시위 비용의 흐름을 문제 삼아서 자금 흐름이 이상하다, 북조선의 공작금이 흘러들어갔다는 식으로 공격하기 위해 사전포석을 깔고 있는 것으로 보인다.

또한 민주당을 공격하는 방식도 이와 마찬가지다. 법률가가 아니기 때문에 대장동 문제와 관련해 이재명이 어느 정도 책임이 있는지 구체적으로 말하기 곤란하지만, 적어도 앞으로 검찰의 수사 방향이 어떻게 흘러갈지는 말할 수 있다. 대장동을 통해 형성된 정치비자금이 지난 민주당 대선 과정에서 어떤 식으로 사용되었는지를 추적한다는 명목으로 수사를 확대할 가능성이 높다. 실제로 그렇게 될지는 앞으로 지켜봐야겠지만, 만일 이러한 주장이 어느 정도 설득력이 있다면 윤석열 정부가 검찰을 활용하는 방식에 일정한 패턴이 존재한다는 것을 의미하고, 그것은 분명 한국사회의 '저신뢰' 구조를 활용하여 사회적 중간집단들을 제거해 나가는 '전

제주의'로 나아가는 방향이다. 정권이 교체되었을 때 똑같은 일이
반복되지 않으리라는 보장이 있는가. 이 장은 이런 맥락에서 '기득
권'으로 지칭되는 사적 결사체들을 보호해야 한다고 주장하였다.
그것이 전제주의를 극복하는 길이다.

3장

원시성을 극복하지 못한
한국의 정당정치

'조직'에 복종하지 않는 개인들

한국사회의 정치적 양극화가 심하다고 하지만, 역설적이게도 그로 인해 정치적 진영을 옮기는 건 더욱 쉬워진 듯하다. 1990~2000년대까지만 하더라도 진보진영에서 보수진영으로 적을 옮기는 일을 '기회주의'로 매도하는 경향이 강했다. 하지만 최근에는 '기회주의'라는 용어 자체가 사어(死語)에 가까워졌고, 어느 누구도 소속 정당을 옮기는 것을 두고 딱히 '정치 철새'니 '기회주의자'니 하지 않는다. 전제주의 경향이 강화되면서 대통령과 정당의 일치성이 충족되기만 한다면, 개별 의원들이 소속 정당을 옮기는 일은 그다지 흠이 아닌 듯하다.

하지만 이런 현상은 결코 긍정적인 게 아니다. 당적을 옮기는 정치인들을 기회주의자 혹은 정치 철새라고 비난해야 한다는 의미가 아니다. 정치인이 자신이 속한 정당에 얼마나 소속감을 느끼고 있는가는 정당이 하나의 '공동체'이자 '사적 결사체'로서 기능하는 것을 보여주는 지표와도 같다. 정치인에게 소속 정당을 옮긴다는 것은 삶의 기준이 되었던 세계관을 바꾸겠다는 걸 의미한다. 상당한 지적 노력과 윤리적 고뇌가 필요한 일이지만, 실제로 그런 노력과 고뇌를 보여주는 정치인은 많지 않은 듯하다. 심지어 제3지대론이 불거져 나오는 과정에서 자신이 속한 정당의 배지를 달고 버젓이 신당(新黨) 창당 모임의 연사로 나가는 일까지 일어났다. 그런데도 아무런 처벌을 받지 않았다. 정당이 하나의 '공동체'로서 전혀 기능하지 못하고 있다는 사실을 이보다 명확하게 보여주는 사건이 또 있을까?

정당조차 하나의 '조직'이자 '공동체'로서 기능하지 못할 때, 전제주의는 보다 수월하게 시민사회로 침투한다. 이 장에서는 윤석열 정부 자체를 다루지는 않지만, 그에 대항하려는 정치적 움직임인 제3지대론을 분석한다. 어째서 전제주의에 대한 정당의 견제가 이뤄지지 못하는지 살펴보는 기회가 될 것이다.

상원이 존재하지 않는 아시아적 사회

류호정 정의당 의원이 중앙일보와 한 인터뷰 기사를 보고 한동안 할 말을 잃었다. 책임정치를 대단히 이상한 의미에서 사용하고 있다. 예를 들면 "주권자의 심판을 받았는데 책임져야 할 사람이 책임지지 않는 건 정의당이나 국민의힘이나 똑같다"며, 심지어 정의당은 국힘당과 달리 선거에서 패배를 했는데 사퇴를 하지 않으니 무책임하다고 한다. 지도부도 그대로고 임명직 당직자도 그대로 있으니 '하는 척'조차 하지 않았고 선거에 제대로 된 책임을 지지 않았다는 비판은 다소 과하게 느껴진다. 류호정 의원이 이런 식으로 이야기하는 건 아마도 그녀와 함께하는 조성주, 그리고 거슬러 가면 박상훈과 최장집의 입론을 받아들였기 때문으로 보인다. 정당주의자인 박상훈이 책임정치를 어떻게 정의하는지를 알기 위해 그의 저작 여러 권을 뒤져보았지만, '책임정치가 이것이다'라고 규정하는 부분은 과문해서 그런지 몰라도 찾아볼 수 없었다. 박상훈은 '책임성의 원리' 등의 표현을 사용했지만, 책임정치가 구체적으로 무엇인지는 언급하지 않는다.✦

하지만 그의 여러 발언을 통해 책임정치에 대해 미루어 규정할 수는 있다. 한마디로 박상훈류가 생각하는 책임정치란 현대 정당의 의사결정구조를 보다 선명하고 투명하게 함으로써 책임 소재를 명확하게 하고, 그 결과로 시민들이 정해진 임기를 기준으로 일을 계속하게 할지 아니면 파면시킬지를 결정할 '최종적 권한(the last

---

✦   이상의 류호정 의원의 발언에 대한 인용은 다음의 기사에서 발췌하였으며, 이후의 인용 또한 동일한 기사에 근거하고 있다. 관련 기사 : [단독] '이정미 지도부 사퇴' 꺼낸 류호정 "국힘보다 더 무책임", 중앙일보, 2023년 10월 18일, https://www.joongang.co.kr/article/25200181

say)'을 행사할 수 있도록 하는 것이다. 류호정 의원이 선거 결과에 대해 책임지지 않는다며 '하는 척'이라도 해야 한다고 주장하는 건 이런 맥락에서였을 것이다.

하지만 한국적 맥락에서 이러한 의미의 책임정치는 실제로 구현되기 어렵다. 예를 들어 이준석이 세 번 낙선했다고 해서 그의 정치적 생명이 끊겼는가? 그는 세 번이나 시민에게 선택받지 못했음에도 불구하고 언론매체에 출연해 정치비평가 행세를 하며 정치적 영향력을 온전히 보존했고, 그것이 당대표 경력으로까지 이어졌다. 당대표에서 쫓겨난 뒤에도 여전히 각종 정치비평 매체에 출연하며 자신의 영향력을 온전히 보존하고 있는 상황에서 유권자들은 그에게 '마삼중(마이너스 3선 중진)'이라는 오명 외에 별다른 제한을 가할 수 없다.

본래적인 의미의 근대정치에서 선거로 정치활동을 결산한다는 의미의 책임정치는 분명 대의정치의 근간을 이루고 있을 테다. 박상훈에 따르면 선거의 결과란 기본적으로 두 가지 대표성의 함수이다. 하나는 계층이나 이념적 차이를 중심으로 한 것으로 정치학에서는 '기능적 대표체제'라 부르는 것이고, 다른 하나는 지역적 차이 내지 지역적 요구가 표출되는 것으로 '지역적 대표체제'라 부르는 것이다.[✦] 그는 이 두 가지 대표성이 서로 반대방향으로 움직인

✦ 박상훈, 「정당의 발견」, 후마니타스, 2015, p. 143.

다고 지적한다. 전자가 지리적 편차를 줄인다면, 후자는 계층적 차이를 동질화하는 힘으로 작용한다는 것이다. 그는 한국의 지역주의적 정치문화가 실상 정당 체계의 이념적 범위가 협소할 때 나타나는 현상이라며 '정당 간 이념적 거리'가 분명해질 때 비로소 지역적 응집성이 분해될 것이라 주장한다.

그런데 이러한 주장은 다소 부정확하다.✦ 헤겔이 『법철학강요』를 통해 설명하였듯이, 유럽식 상하원제는 정치사회에서의 영토에 대한 영유권과 시민사회의 직역(職域)적 분할을 조화시키려 한 체제이다. 유럽 의회는 봉건영주들과의 대립 속에서, 달리 표현하자면 근대국가의 중앙집권화 과정에서 탄생하였다.

봉건영주들은 자신들이 갖고 있던 지역의 영유권을 국가에 넘겨주는 대신에, 근대국가의 관료제가 조세징수 등의 행위를 할 때 의회의 동의를 받게 하는 방식으로 자신들의 권익을 확보하려 하였다. 근대국가가 전(全) 국토에 대한 자신의 권력과 법을 관철시키고자 할 때 각 지역의 영유권자들에게 동의를 받도록 제도화해놓은 것이다. 그렇기에 유럽에서는 봉건영주들의 후신인 지주적 귀족들이 상원을 차지하였고, 미국에서는 지금까지도 주(州)가 상원 역할을 수행하고 있다. 이와 더불어 자본주의 발전으로 사회가 계급화·계층화되는 것에 대응하여 민주적 선거를 통해 구성된 하원

✦　이하의 내용은 미야지마 히로시, 『미야지마 히로시, 나의 한국사 공부』, 너머북스, 2013에 의거하였다.

이 시민사회의 이해관계를 정치체제에 반영시키려 한다.

영유권적 대표자인 상원은 근대국가, 보다 직접적으로는 군주를 견제한 것과 마찬가지로 민주적으로 구성되어 시민사회의 이해관계를 반영하려는 하원의 입장도 견제한다. 시민사회의 특정한 요구가 국가 전체에 반영되려면 영유권자인 상원의 동의를 받아야만 한다. 그렇게 하원과 상원 모두에서 논의를 거치며 특정 정책, 또는 법안은 합리성을 획득하게 된다. 헤겔은 이를 '매개의 작용'이라 부른다.

문제는 동아시아에는 이러한 토지의 영유권자들이 존재하지 않았다는 점이다. 다시 말해서, 전제군주와 대비되는 '대토지 사유자'인 토지귀족층이 존재하지 않아 모든 토지를 전제군주가 소유하는 토지국유제(土地國有制)를 취했다. 토지귀족층이 존재하지 않고 전제국가에 의해 사회의 동질화가 오랫동안 이루어진 결과였다. 중국에는 지역의 권력자인 신사계층이, 조선왕조에는 양반사족 집단이 존재했지만, 이들은 전제국가의 관료제를 구성하는 예비군 성격이 강한 존재로 유럽의 봉건영주들처럼 국가로부터 자립하여 지역의 행정권·사법권·군사권 등을 장악하고 행사한다고 보기 어려웠다.

전근대 아시아 사회에서는 전제군주가 영토 전체에 영유권을 행사하는 주체였기 때문에 근대국가로 이행하는 과정에서 굳이 군주 혹은 국가를 견제할 주체로 의회(상원)을 형성할 필요가 없었다. 아시아 사회에서 가장 완전한 형태로 봉건제를 구성하였던 일본의 도쿠가와 막부조차도, 미야지마 히로시(宮嶋博史)의 '소농사회론'에 따르면 사무라이 계층의 토지귀족 성격이 약했기 때문에 토지 영유권을 행사하기 어려웠다. 봉건제를 폐기하고 군현제로 이행하는 메이지 유신의 폐번치현(廃藩置県)에 봉건영주들이 별다른 저항을 하지 못했던 이유는 이미 강력하게 중앙집권화된 봉건제 하에서 영주들의 영유권 지배가 거의 존재하지 않았기 때문이었다. 이런 점에서 봉건귀족들이 지주제적 의회를 중심으로 결집하여 자신들의 권익을 관철시키려 하였던 유럽의 절대군주정과 차이를 보인다.

이와 같은 차이가 유럽과 아시아에서 역사적 전개상의 차이를 낳았다. 유럽이 보통선거권을 매개로 19세기 지주제적 의회를 개혁하며 점차 상원이 가진 영유권자로서의 특권을 박탈하는 방향으로 발전했다면, 동아시아에서는 근대국가 체제가 건설될 때부터 상원이 존재하지 않거나 보통선거권이 주어지는 경우가 많았다. 시민사회가 발전하면서 근대국가가 형성되는 방향과, 반대로 근대국가가 성립한 뒤에 그 내용을 채우는 시민사회가 발전하는 방향으로 나뉠 수 있다. 한국에서도 상하원제가 제2공화국에서 하원으로서의 민의원과 상원으로서의 참의원을 도입하는 방식으로 구현된 적이 있지만, 별다른 역사적 토대가 존재하지 않았기에 곧바로 폐지되었다. 한국에서 의회제 운영은 태초부터 '국가 전체'를 대표하는 입장에서 행해질 수밖에 없었다.

이처럼 근대사회에서는 상원이 시민사회를 대표하는 하원과 군주권을 대표하는 행정부 사이를 규율하며 '매개의 작용'을 관장하는 역할을 수행한다. 상원이 태생적으로 존재하지 않는다는 말은 근대국가와 시민사회를 연결해줄 '중간고리'가 존재하지 않는다는 것을 의미한다. 시민사회에서 올라오는 다양한 욕구들이 공개적인 토론과 협의를 거쳐 보편화될 수 있는 계기를 상실했다는 말이기도 하다. 아시아적 사회에서 정당정치는 비록 형식적으로는 서구적 형태를 모방하였을지라도, 실질적으로는 사적 이해관계들을 조직하거나 대표하지 못하고 언제나 처음부터 '국가 전체'의 입장에서, 달리 표현하면 '관료제'의 입장에서 정치를 행하게 된다. 거의 공기업 수준으로 국가의 지원을 받으며 재정적 자립조차 이루지 못하고 있는 한국의 정당조직들을 생각하면 이러한 지적은 더욱 현실성 있게 다가온다.

단원제를 택한 한국 의회는 직역단체의 대표성도, 영유권자로서의 대표성도 약하다. 기본적으로 국회의원이 제대로 기능하기 위해서는 그 자체가 하나의 '작은 국가'가 되어야 한다. 보통 이러한 논의는 국회의원의 입법역량을 강화하는 맥락에서 진행되는데, 국회의원 한 사람 한 사람이 국가의 관료제와 정면으로 대결할 수 있는 독자적인 관료제를 형성하고 그것을 대표하는 사람이 되어야 국가에 대한 제대로 된 견제가 가능해진다. 초선의원들의 낮은 역량으로 수십 년간 업무 수행 능력을 키우고 전문성을 고도화해온 관료제를 견제하기는 쉽지 않다. 제대로 된 견제를 하기 위해서는 정확한 법지식과 함께 해당 분야의 전문지식을 제공받아 비판할 수 있어야 한다. 정치인 개인이 전지전능하기란 쉽지 않기에 그를 뒷받침해줄 수 있는 국회의원 보좌진 등이 관료제의 형태로 강력하게 조직화되어 있어야 한다. 미국의 국회의원이나 보좌진들처럼 아예 학계에서 전문가로 활동하던 사람들이 행정부 및 입법부에 참여할 수 있게 하거나, 아니면 국회의원 스스로 여러 개의 석박사학위를 갖고 해당 분야의 전문성을 계속해서 확보해 나가도록 유도해야 한다. 이런 조건들이 갖추어질 때 비로소 국가 관료제를 효과적으로 견제하는 정치가 기능할 수 있다. 정치가 먼저 기능할 수 있을 때 비로소 책임정치도 논할 수 있다.

책임정치란 무엇인가?

그렇다면 책임정치란 무엇인가. 책임정치를 제대로 하기 위해서는 적어도 지역구 내에서 영유권의 대표자로서 그 지역 주민들과 제대로 된 연결고리를 갖고 있어야 한다. 비례대표제의 전면화가 아니라 지역구의 존립을 주장하는 이들이 매번 내놓는 반론이 무엇인가? 지역구가 있어야 정치인과 지역 주민들이 서로 접촉하고 소통하며 현장 밀착형 정치인을 키울 수 있다는 것이다. 이와 같은 주장을 비판하든 옹호하든, 정확한 이해를 위해서 근대국가가 영유권적 지배와 직역적 지배를 분리해 상하원제로 제도화한 이유부터 제대로 파악해야 한다. 그래야 여러 선진사회에서조차 영유권적 지배로서의 상원제가 점차 폐지되고 직역적 지배로 일원화되어 가는 과정을 이해할 수 있다. 영유권적 지배의 의미가 점차 없어지는 것이다. 그렇기에 지역구 없이 비례대표제와 같은 인민 전체를 대표하는 방향으로 정치제도가 개혁되는 것이다.

그런데 한국은 그러한 상황이 아니다. 반대로 아시아적 사회에서는 이미 '전체'가 존재하고 있기 때문에, 아니 더 정확하게는 전체밖에 없기 때문에 '부분'을 확립할 필요가 있다. 부분에서 전체의 형성으로 나아가는 유럽형 발전방향과는 반대로, 전체에서 부분의 형성으로 나아가는 것이 아시아적 발전방향이기 때문이다. 진보정당들의 오랜 지론인 비례대표제 확립은 전제주의적 사회에서는 오히려 정당을 시민사회로부터 '분리'시켜버리는 부정적 결과를 가져올 수도 있다.

제3지대를 주장하는 것도 소위 말해 '공중전'을 통해 비례대표성을 확보하고자 하는 것인데, 지금 책임정치를 논하고자 한다면 그러한 제도개혁이 아니라 개별 국회의원들이 정상적으로 하나의 국가로서 제대로 기능할 수 있도록 보완하는 데서 책임정치의 의의를 찾아야 한다. 하다못해 국회의원 보좌진의 역할에 대한 연구조차도 한국에서는 제대로 이뤄진 게 없다. 과문해서 그렇겠지만 이 글을 쓰기 위해 아무리 뒤져보아도 한정택의 연구 외에 제대로 된 분석을 찾아보기가 어려웠다.✝

한정택에 따르면, 국회의원 보좌진은 정책보좌, 입법보좌 등이 자신에게 가장 중요한 업무라고 생각하며, 지역구민이나 정당 등의 이해당사자보다 일반국민 입장에서 사고하였다. 국회의 입법지원기구들이 존재하기는 하지만 상호업무 협조 및 교류의 부족함을 많이 느끼고 있었으며, 자신들의 전문성에 대해서는 회의적인 반응이 많았다. 무엇보다도 보좌진의 규모가 너무 작았으며, 직업 불안정성이 커서 제대로 된 업무 역량을 발휘하기 어렵다는 의견이 주를 이뤘다. 정리하면, 국회의원 보좌진들은 정책과 입법 영역에서 자신의 존재의의를 찾았고, 개별적 이해관계당사자보다 일반국민 전체의 입장에서 사고하고 있었으며, 직업 불안정성과 낮은 전문성에 불안감을 느끼고 있었다.

앞서 미국의 사례처럼 살펴본 것처럼, 보좌진들이 정책과 입법에서의 전문성을 키우기 위해 계속해서 대학원 등을 다니고, 현장과 긴밀하게 상호소통을 하여 전문성을 키우고, 일반국민이 아닌 이해관계 당사자와의 관계 속에서 그들의 이해관계를 대표하도록 해야 이러한 문제가 해결될 것이다. 더 나아가 직업 불안정성을 해소해줄 필요도 있다. 보좌진의 규모를 키우고, 이들이 안정적인 관료제 형태로 정착할 수 있게 해야 한다. 이러한 조건이 갖추어져야, 다시 말해서 국회의원이 개별적인 '관료집단'으로 정착되어야 비로소 개별 의원들이 국가 행정부와 대립하는 자신만의 행정부를 갖고 활동할 수 있을 것이다. 하지만 이러한 개별적 관료제가 만들

✦　한정택, "국회의원 보좌기구 연구", 한국정당학회보 제8권 제2호, 2009.

어지려면 비용이 많이 들기 때문에 집단화해서 해결할 수밖에 없는데, 바로 이 지점에서 '정당'이 등장한다. 정당은 개별 의원들을 뒷받침하는 관료제 플랫폼을 제공하는 일종의 '프랜차이즈' 업체처럼 기능해야 한다. 그렇지 않고서는 정치란 기껏해야 개별 정치인의 퍼포먼스에 의존하는 정도에 불과할 가능성이 높다.

이렇게 개개 의원들을 뒷받침할 수 있는 관료제적 기구로서의 정당이 존재할 때 사회와 연결될 수 있는 고리를 획득할 뿐만 아니라, 정당 그 자체가 마치 국가의 행정부와 같이 존속하면서 일관성과 영속성을 획득할 수 있게 된다. 정당은 점차로 소속 국회의원들을 자신의 이념적 지향을 구현하는 '수단'으로써 활용하게 되며, 소속 의원들은 정당의 이념과 가치를 내재화하여 구체적 정치 현실 속에서 구현하는 대신에 그로부터 선거에서 승리할 수 있는 정치적 머신(machine)들을 제공받는다. 앞서 로버트 달의 '다두정'은 바로 이런 맥락에서 작동할 수 있다. 참주들은 정당의 이념적 지향점에 동의하고 복종하는 대신 정당이 제공하는 선거기구를 활용하여 선거에서 승리하게 된다. 소속 정치인들을 정당에 복속시키는 지점에서 비로소 정당이 하나의 '공동체'가 될 여지가 생긴다.

정당이 하나의 자율성을 지닌 공동체로서 자립하기 위한 방법을 찾기 위해서는 먼저 공동체를 어떻게 규정할 수 있는가에 대해 살펴보아야 한다. 앞서 이 책에서는 공동체를 아래와 같이 규정하였다.

위의 논의에서 '전근대' 공동체라 하는 것은 보통 다섯 가지 기준을 모두 충족할 때를 의미합니다. 어떤 '인적 결합체'가 공동체로 규정되기 위해서는 다음 조건을 갖추어야 합니다.

1) 구성원 간의 '평등성'. 구성원 상호 간에 권리의무의 일정한 차별은 존재할 수 있어도 한 개인이 타인을 신분적으로 지배해서는 안 됩니다. 이런 의미에서 유럽의 봉건영주조차도 공동체의 한 구성원에 불과했습니다.

2) 공동체의 가입·탈퇴 불가능성. 1)의 전제조건을 전제로 인적 결합체가 자발적인 가입의사와 무관하게 생득적으로 강한 귀속의식을 느끼는 대상이 되어야 합니다.

3) 단체의 법인격성. 이 귀속의식을 전제로 하여 인적 결합체는 하나의 독자적인 권위체 혹은 '법인격'으로서 성립해야 합니다.

4) 공동체 존속을 위한 물적 토대로서의 공동 재산이 필요하며, 그것이 공동체 구성원의 삶과 연결되어 특정한 기능을 수행해야 합니다. 아니더라도 최소한 공동체의 물적 토대로서의 재산이 존재해야 합니다.

5) 마지막으로 공동체는 공동기능의 존재와 수행이 필수적입니다. 이렇게 해야 하나의 공동체로서 자립적이고 독립적인 영역이 되어 국가조차 함부로 개입하여 해체시키거나 개인이 함부로 이탈, 유입되어 공동체를 형해화하지 못합니다.

이런 조건에서만 인적 결합체가 공동체로 규정될 수 있고, 유럽과 일본은 그러한 공동체들이 다수 존속하며 근대국가로 이행했습니다. 너무 엄격한 개념규정인 듯하지만, 어찌됐든 핵심은 공동체가 국가와 개별적인 개인으로부터 독립하여 자신만의 독자적인 질서를 형성하고 그에 따라 공동체 구성원들을 규율하며, 하나의 집단이라는 귀속의식과 경제적인 토대에 기초해 재생산되는 것을 의미합니다.

　　이러한 공동체의 규정에서 가장 중요한 지점은 공동체가 자신의 구성원들을 규율할 수 있는 '권위'를 지니고 있다는 것이다. 구성원들은 공동체가 형성하는 독자적인 질서에 동의하고 그 질서 내에서 합의한 규율의 적용을 받아들인다. 이러한 동의는 공동체가 지닌 권위에 대한 복종 없이는 성립할 수 없다. 이렇게 될 때 비로소 공동체로서 정당은 여론 등의 사회와 대중으로부터도, 국가로부터도 자율적인 영역을 확보할 수 있다. 그렇다면 여기서 사람들은 어떠한 권위에 복종하게 되는지 설명이 필요하다. 이에 대해서는 막스 베버의 『소명으로서의 정치』에 기초하여 살펴보자.

　　베버에 따르면, 국가가 존속하기 위해서는 피지배자들이 그때그때의 지배집단이 주장하는 권위에 복종해야 한다. 문제는 이들 피지배층이 '어느 경우'에 그리고 '무엇' 때문에 복종하는가 하는 점이다. 베버는 이에 대해 세 가지 정당성을 답변으로 제시한다. 첫째, 인간 역사 속의 영속적 존재인 '신성화된 관습의 권위'가 있다. 특정한 관습은 오래되면 오래될수록 더욱 어기기 어려워지고, 결국에는 어떠한 신성한 성격마저 갖고 있는 것처럼 느껴진다. 인간에게는 이러한 관습을 지키려는 성향이 있기 때문에 관습에서 도출되는 권위는 지배에 대한 복종을 자연스럽게 유도한다. 둘째, 제정된 법규의 타당성에 대한 신뢰와, 합리적인 절차에 따라 부여된 객관적 권한 등에 기초한 '합법성에 의거한 지배'가 있다.

마지막으로 비범한 개인의 천부적 자질에서 도출되는 '카리스마에 의거한 권위'가 있다. 이는 신의 계시와 영웅주의 혹은 그가 가진 다른 자질을 이유로 한 개인 지도자에게 인민이 완전한 헌신과 신뢰를 보내는 유형을 뜻한다. 베버는 특정 과제를 수행하고자 하는 소명의식을 지닌 개인에 대한 신뢰와 헌신(저 사람은 무언가를 이룰 것 같다는 느낌에서 비롯된)이 카리스마의 근거라고 본다. "사람들이 그에게 복종하는 것은 전통이나 법규 때문이 아니라 그에 대한 믿음 때문이다."✦ 가라타니 고진의 어법을 빌리자면 카리스마란 지배와 보호의 '교환', 달리 표현하자면 특정한 정치 지도자가 '보호'를 제공해줄 수 있다는 확신이 있을 때 그러한 확신에서 '카리스마'가 도출되고, 그 카리스마에 지배당하여 복종을 내면화하게 된다.✦✦

베버의 『경제와 사회』를 꼼꼼하게 읽어보면, 가라타니가 정확하게 지적하듯이, 사실상 베버는 국가 탄생의 근원에 '카리스마적 정치가'가 자리하고 있다고 보기 때문에, 앞서 논했던 관습에 기초한 권위와 합법성에 기초한 권위는 종국적으로 카리스마적 권위로 소급될 수 있다. 전통적 지배란 카리스마적 지배를 반복해서 답습하는 것에 지나지 않으며, 합법적 지배 또한 카리스마적 지배에 의해

✦　　막스 베버, 『소명으로서의 정치』, 박상훈 역, 폴리테이아, 2011, pp. 112–114.

✦✦　가라타니 고진, 『힘과 교환양식』, 조영일 역, 비고, 2023.

세워진 기초 위에서 연역적인 전개를 행하며 확장되어 가는 것에 불과하다. 물론 이 세 가지 유형의 권위와 그로부터 파생되는 지배 방식은 현실에서는 순수한 하나의 유형으로만 나타나지 않고 중첩되어 나타나기 때문에, 순수한 형태의 카리스마적 지배가 모든 걸 정초하는 일은 일어나지 않는다. 오히려 베버가 지적하듯이 카리스마적 지배는 현존하는 여러 지배형태를 활용하여 통치의 기초를 세운다. 그럼에도 불구하고 그 기원으로 소급하여 올라가면 카리스마적 지배에 의해 국가의 기초가 세워지며, 합법성에 의거한 지배나 관습에 의거한 지배는 기초가 세워진 이후에 국가 존속을 위한 근거를 제공하는 것으로써 의미가 있다고 할 수 있다. 1부의 1장에서 지적했듯이 근대적인 법치국가란 카리스마적 지배를 부정하고 최대한 관습적이고 합법적인 지배만을 관철시키고자 노력하지만 끝내 카리스마적 지배의 출현을 막을 수 없다는 것, 더 나아가 오히려 법치주의 자체가 카리스마적 정치 지도자의 '인치'에 종속되어 있다는 것이 드러난다.

1부의 1장에서 보았듯이 최고 규범인 '헌법'은 분명 '헌법의 수호자'인 카리스마적 지배자에 의해 최고 규범으로 선포될 필요가 있다. 제헌적(制憲的) 폭력으로서 카리스마적 존재는 반드시 필요하지만, 그 카리스마적 정치인이 반드시 '개인적'인 형태의 정치인이어야만 하는가? 미국 건국의 아버지들처럼 '집단적' 형태의 규범 창출도 가능하지 않을까? 제도적인 형태로 보아도 제헌헌법을 제정하는 제헌의회의 존재에서 알 수 있듯이 반드시 개인적인 카

리스마에 종속될 필요는 없다. 마르크스가 헤겔의 『법철학강요』를
비판한 요점이 바로 이 부분이었다.

인격성과 주체성은 인격체와 주체의 술어들일 뿐이므로 이것들은 인격체와
주체로서만 실존하며, 더욱이 인격체가 단일자임은 자명하다. 그러나 헤겔
은 '단일자'가 단적으로 '다수의 단일자'로서만 진리를 가진다는 것을 계속
언급했어야 했다. 술어, 본질은 그의 실존 영역들을 '하나의 단일자'에서보
다는 오히려 '다수의 단일자'에서 충분히 이끌어낼 수 있다. 이렇게 말하는
대신 헤겔은 다음과 같이 추론한다. '국가의 인격성은 하나의 인격체, 즉 군
주로서만 현실적이다.' 따라서 주체성은 주체로서만 현실적이고 주체는 단
일자로서만 현실적이기 때문에 국가의 인격성은 하나의 인격으로서만 현실
적이다. 멋진 추론이다. 헤겔은 이와 똑같이 개별 인간은 단일자이기 때문
에 인류가 유일한 인간이라고 추론할지도 모른다.✦

하나의 개체로서 국가가 전체의 입장에서 '단일자'로서 결정을
내릴 때 그 결정이 반드시 군주 '개인'에 의해 이뤄져야 한다는 헤
겔의 주장에 대해, 마르크스는 그 추론방식대로라면 개별적 인간
도 단일자이기 때문에 인류가 한 명의 인간과 같다고 추론할지도
모른다고 조롱한다. 마르크스가 보기에 헤겔은 이러한 논리를 통

✦ 칼 마르크스, 『헤겔 법철학 비판』, 강유원 역, 이론과실천, 2011, p. 76.

해 군주를 절대화하며 국가의 노예로 전락하고 있다. 마르크스에 따르면 '단일자'로서 결정을 내리는 행위가 반드시 '개인'에 의해서만 이뤄질 필요는 없다. 반대로 '다수의 단일자'로서 결정을 내릴 수 있다. 즉 (최고)규범의 창출은 '다수의 단일자'에 의해서 가능하다.

근대국가에서는 카리스마적인 개인 정치인과 의회가 규범 창출의 기능을 수행한다. 넓게 보자면 의회에서의 규범 창출 과정에는 개개의 정치인들이 개입하기 때문에 궁극적으로는 소명의식을 지닌 카리스마적 정치인으로 소급될 수도 있다. 하지만 그 정치인이 자신이 속한 정당 조직에 강하게 종속되어 있다면, 그리하여 그의 소명의식 자체가 정당에 구속되어 있다면 그러한 카리스마적 정치인은 정당에 속해 있다고 해도 무리는 아닐 것이다. 이런 맥락에서 정당이 카리스마적 개인을 육성하고 그에 소명의식을 부여하는 '기구'로 기능할 수만 있다면 정당이 규범 창출의 주체가 된다고 할 수도 있을 것이다. 이런 방식으로 앞서 마르크스가 말한대로 '다수의 단일자'에 의한 규범 창출이 된다. 이때의 규범은 앞서 베버의 권위와 지배의 유형 중 '카리스마적 지배'이면서 동시에 '관습적 지배' 유형에 속한다.

'다수의 단일자'의 카리스마적 권위 창출은 그 자체로 일종의 '관습' 형성을 의미한다. 이 관습적인 지배의 일부가 합법적인 지배의 형태로 전환된다고 보아야 한다. 즉, '카리스마적 지배→관습적 지배→합법적 지배'의 순서대로 근대적 법치체계가 형성되고 확장될 때, 정당에 의한 다수의 단일자의 규범 창출은 카리스마적·관습적 지배를 거의 동시적으로 수행한다. 정당, 시민단체 등의 중간적 집단들은 이와 같은 방식의 지배를 통해 가장 넓은 지배 형태인 '관습적 지배'를 형성함으로써 사회적 변화에 대응하며 사회 전체를 경영할 수 있게 된다.

이런 정당만이 책임정치를 논하고 수행할 수 있는 역량을 갖췄다 말할 수 있다. 그들은 자신이 무엇을 하고 있는지 알 뿐만 아니라 정당의 지지자까지 포함하는 소속 구성원들을 '다수의 단일자'로 조직하여 형성한 규범에 기초하여 스스로를 비판하는 일도 행할 수 있다. 즉, 책임정치란 정당이 규범 창출의 주체로서 자신이 창출한 규범에 근거하여 자신의 행위를 반성적으로 사고할 때 비로소 성립한다.

한국 정치의 '원시성'

반면에 책임정치에 미달하여 훈련되지 못하고 전문성을 갖추지 못한 채 개별 정치인이 구축하는 협소한 정치적 영역에 기초한 정치를 이 책에서는 레닌의 표현을 빌려 '원시성'이라 규정하고자 한다. 레닌에 따르면 원시성이란 정치인으로서의 '훈련의 결여 이상의 그 무엇'을 포함하는 용어이다. 다시 말해서 그것은 "일반적으로 혁명활동 영역의 협애함, 그러한 협애한 활동을 바탕으로 해서는 훌륭한 혁명가 조직을 건설할 수 없음을 이해하지 못하는 것, 그리고 마지막으로(사실 이것이 가장 중요한 문제다) 이러한 협애함을 정당화하고 그것을 하나의 특수한 '이론'으로 격상시키려는 시도, 즉 이 분야에서도 자생성에 굴종하는 것"을 의미한다.[✦] 표현이 어색하게 느껴지겠지만 풀어서 말하자면 정치적 아마추어리즘을 정당화하려는 일련의 기제를 의미한다. 정치인들의 활동영역이 협소할 뿐만 아니라, 그러한 협소한 활동으로는 정당이라는 거대한 조직을 건설하고 운영할 수 없다는 점을 이해하지 못하고 더 나아가 그러한 자신의 행위를 이론적으로 정당화하기 위해 이런저런 시도를 하는 행위를 포괄하여 레닌은 운동의 '원시성'이라 비판하였다. 다음 인용문을 보자.

> 1894년에서 1901년 사이의 시기에서 가장 전형적이라 할 수 있는 사회민주주의의 학습 써클의 활동을 간단히 묘사함으로써 이 문제에 답하고자 한다. … 이 신참 전사들은 극도로 원시적인 장비와 훈련만을 받은 채 전장으로 나아갔다. 대부분의 경우, 그들은 아무런 장비도 없었고, 훈련조차 전혀 받지 못했다. 밭 갈다가 몽둥이 자루만으로 무장하고 나서는 농민들처럼 그들은 전쟁터로 행군하였다. 선배 운동가들과 아무 연결도 없이, 다른 지역의 학습 써클과 아무 연결도 없이, 심지어 같은 도시 내 다른 지구의

✦   V.I. 레닌, 『레닌저작선』, 홍승기 역, 거름, 1988, p. 215.

(혹은 다른 교육기관의) 학습 써클과 아무 연결도 없이, 혁명 활동의 다양한 부서를 갖춘 아무 조직도 없이, 일정 기간의 활동에 대한 체계적인 계획도 없이, 하나의 학생 써클은 노동자들과 접촉을 갖고 활동을 시작한다. 그 써클은 점차 자신의 선전과 선동을 확대해 나간다. … 불과 일년 혹은 몇 달 전만 해도 학생 써클 모임에서 '어디로?'라는 문제에 대해 토론했고 노동자들과 접촉을 유지하고 유인물을 발행했던 사람들이, 이젠 다른 혁명가 그룹을 접촉하고, 문건을 조달하며 지역신문을 발행하기 위한 활동에 착수하고, 시위를 조직하는 것에 대해 논의하기 시작하며, 마침내는 공개 전투(이것은 상황에 따라 최초의 선동 유인물을 찍거나, 신문 창간호를 발간하거나, 아니면 최초의 시위를 조직하는 형태를 띨 수 있다)에 돌입한다. 보통 이러한 공개 전투는 시작되자마자 즉각적이고 완전한 희극으로 끝나고 만다. … 이 공개전투가 … 단지 전통적 학습 써클 활동의 자생적 성장의 결과에 불과했기 때문이다. 그리고 지역운동의 주요한 지도자들은 이미 학창시절에 '이름을 날렸던' 적이 있으므로 자연히 거의 모든 경우에 경찰은 그들을 파악하고 있으며, 경찰은 다만 덮치기 좋은 시점을 기다리기만 하면 되기 때문이기도 하다.✦

이와 같은 레닌의 묘사는 현대 한국 정치인들의 행태에 거의 그대로 적용할 수 있을 것이다. 다만 레닌의 시대에는 공장 등의 지

✦   V.I. 레닌, 『레닌저작선』, 홍승기 역, 거름, 1988, pp. 211-212.

역적 정치에 기초하고 있었다면, 오늘날에는 그러한 '지역'이라는 시공간에서 탈피하여 독자적인 정치적 의제의 영역이라는 다소 추상적인 공간, 보다 직접적으로 말하자면 '인터넷 여론'에 기초하고 있다는 데서 차이를 보일 뿐이다. 그 결과 또한 마찬가지다. 레닌 시절 혁명가들의 아마추어적 세력이 손쉽게 경찰의 먹잇감이 되었듯이 현대 한국 정치인들은 손쉽게 국가의 먹잇감이 된다. 행정부 관료들이 얼마나 쉽게, 그리고 자주 초선의원들을 농락하며 조롱하는지에 대해서는 여의도 정치에 조금이라도 관심 있는 이들이라면 자주 접할 수 있다.

레닌은 정치인들의 이러한 '원시성'에서 탈피하기 위해 전국적 규모의 언론매체를 건설해야 한다고 주장하였다. 이를 류호정 의원 등이 주장하는 바와 같이 양당제에 반대하기만 한다면 모두 같은 편이 될 수 있다는 거대담론과 유사한 것으로 생각한다면 큰 오산이다. 레닌은 지금 '공중전'이 아니라 '조직화'를 논하고 있다. 그가 전국적 언론매체 건설을 주장하는 근본적인 이유는 신문 배포가 곧 조직화의 정도를 드러내는 지표이기 때문이다. 레닌에 따르면 신문은 집단적 선전선동가일 뿐 아니라 집단적 조직가이다. 왜냐하면 무엇보다도 신문은 먼저 매일매일 집 앞에 '배달'되어야 하고, 그러한 배달, 유통을 위해서는 그것을 운송하고 펴 나를 '사람'이 필요하기 때문이다. "신문에 정기적으로 기사거리를 공급하고 신문의 정기적인 배포를 촉진하는 기술적 임무는 그 자체만으로도 통합된 당에 연결된 지역 임무 대행자의 그물망을 필연적으로 요청할 것이다. 이 지역 임무 대행자들은 서로 지속적인 접촉을 유지하며 전반적인 사태를 알고, 전국적 작업 속에서 자신의 세부적인 기능을 정기적으로 능숙하게 수행하며 다양한 혁명적 행위를 조직하는 속에서 자신의 역량을 시험할 것이다."✦

개별적인 자신만의 영역에 갇혀 '개인적 영업'을 이어가는 국회의원들을 하나의 거대한 조직체의 구성원으로 재구성하기 위해서는 앞서 말한 바와 같이 정당 자체가 일종의 프랜차이즈 기업체로 조직되고, 더 나아가 하나의 규범 창출 주체로 스스로를 정립할 필요가 있다. 그렇지 않는다면 국회의원들뿐만 아니라 그들의 보좌진까지도 모두 개인적 영업을 행하는 '자영업자'를 넘어서기 어렵다. 정당이 책임의 주체가 되어야 한다는 건 바로 이런 맥락에서나 성립 가능하다. 개별적인 국회의원들이 먼저 책임정치의 주체로서 자립한 뒤에야 비로소 그것들을 통합하여 총괄하는 조직체로서 정당이 책임정치의 주체가 될 수 있다. 그럴 때에 비로소 정치인들도, 보좌관들도 정당에게 충성하게 될 것이다.

한국의 양당제도를 넘어서기 위한 수많은 시도들이 끝내 좌절하게 되는 근본적인 이유는 그들 모두가 '개인적 영업'을 이어가는 '정치 자영업자'에 지나지 않았기 때문이다. 책임정치를 논하기에 앞서 먼저 정당을 하나의 '공동체'로 조직하고 그것에 충성을 바쳐

✦   V.I. 레닌, 『레닌저작선』, 홍승기 역, 거름, 1988, pp. 59-60.

야 한다. 자신이 속한 정당을 버리고 신당을 창당하겠다며 정의당 의원 자격으로 신당 창당 연사로 활동하는 류호정 의원의 행태를 두고 보기 어려운 이유이다. 이렇게 자신이 속한 조직을 부정하고 개인적 영업을 하는 정치인들은 전제주의의 먹잇감이 되기 쉽다. 전제주의를 넘어서기 위해서라도 조직에 충성하는 정치인을 어떻게 육성할지 고민할 필요가 있다. 이 책이 그러한 고민에 조금이라도 도움이 되었으면 한다.

4장

규범 창출에 실패하는
시민사회

'돈'이 아닌 무엇으로 사람들을 묶을 것인가

2부의 3장에서 정당이 하나의 공동체로서 기능하기 위해서는 규범 창출의 주체가 되어야 한다고 주장하였다. 이와 같은 주장은 정당 외의 다른 사적 결사체 모두에 일반적으로 적용될 수 있다. 문제는 정당의 경우에는 '이념'이라는 지향점이 존재하지만, 시민 사회 내의 사적 결사체는 그와 같은 강력한 구심점이 존재하기 어렵다는 점이다.

여러 시민단체의 활동가들과 교류하면서 왜 사람들이 조직에 충성하지 않는지, 조직의 규범에 왜 복종하지 않는지 의문을 품게 되었다. 결론부터 말하자면 조직에 충성을 바치다가 자칫 그 조직을 이끄는 누군가에게 이용당할지도 모른다는 '공포'가 상당히 광범위하게 존재하고 있다. 전제주의가 정당을 대통령을 뒷받침하는 수단으로 만들어놓는 것처럼, 시민사회 영역에서도 명망가들이 자신을 뒷받침하는 수단으로 시민단체를 사용하고 있다. 자신의 헌신이 누군가의 경력 한 줄을 쓰는 데 이용될지도 모른다는 우려가 조직에 선뜻 충성하기 어렵게 만드는 것이다.

이 문제를 해결하기 위해서는 사람들을 '돈'이나 명망가 같은 '카리스마적 개인'이 아닌 어떤 '가치'로 묶을 수 있어야만 한다. 그렇지 않고는 전제주의에 대항할 시민사회 내에서의 공동체 형성은 거듭해서 좌절하게 된다. 이 장에서는 시민사회에서 규범에 기초한 공동체 형성이 얼마나 어려운 일인지를 이론적으로 분석해보고자 한다.

좀 더 정교하고 치밀한 논의를 위해서는 전제주의가 상정하는 인간형이 무엇인지를 분석해야 하지만, 그와 같은 작업은 이 책의 범주를 넘어서기에 다음 기회로 미루고자 한다. 대신 이 책이 상정하는 한국인이라는 인간형이 베버적 의미의 유교적 존재에 가깝다는 점만 언급하고자 한다. 베버에 따르면 유교는 '무조건적인 현세 긍정과 현세적응'이라고 하는 윤리체계에 기초하고 있다. 여기에는 서유럽의 기독교와 같이 근원적인 악에 대한 어떠한 관념도, 초현세적 신의 명령과 피조물적인 현세 간의 어떠한 긴장 대립도, 그리고 내세의 목표에 대한 어떠한 지향도 존재하지 않는다. 죄가 있다고 하더라도 윤리학 차원에서였지, 종교적인 의미에서가 아니었다. 선악을 주재하는 인격적 신도 존재하지 않았으며 사후세계를 두려워하지도 않았다. 유교적 인간에게 중요한 건 '덕의 보답'으로서 주어지는 현세에서의 장생, 건강 및 부이며, 죽은 뒤에는 평판이 좋은 이름을 남기는 것이었다.[+] 유교적 인간이 지닌 '속물성'은 그들이 자본주의 자체를 창출하지는 못할지라도 적응하는 데는 탁월함을 발휘할 수 있게 해주었다.[++]

이 책이 전제하는 한국인의 모습도 이와 다르지 않다. 현세지향적 세계관을 바탕으로 속물적으로 보일 만큼 현실적응에 매진하는 인간형이 바로 그것이다. 옳고 그름을 판별할 '선악의 기준'이 되는 초월적 존재가 부재하여 '돈'과 같은 속물적 기준 외에는 달리 규제할 방법이 없는 유교적 인간형은 시민사회의 공동체 형성에 다소 적합하지 않다는 것이 이 책이 제시하는 가설이다. 아래의 글에서는 이와 같은 인간형을 전제로 규범 창출의 곤란함을 논하고 있다.

민주주의와 시장경제의 상호관계에 관하여

한국은 1987년 이래로 민주주의와 시장경제의 병행 발전에 기초하여 성장해왔다. 언뜻 보기에 서로 별다른 연관성이 없어 보이

[+]   이상의 내용은 막스 베버, 『유교와 도교』, 이상률 역, 문예출판사, 1990, p. 326.

[++] 막스 베버, 『유교와 도교』, 이상률 역, 문예출판사, 1990, p. 351.

는 두 제도 간의 관계를 어떻게 설정할 것인가는 이론적으로도 상당히 중요한 문제였다. 예를 들어 박정희 평가에서 권위주의적 통치가 경제성장에 유리했는지 혹은 불리했는지 아니면 아무런 관계가 없었는지 등의 문제는 근대화와 민주주의의 관계라는 주제로 수많은 학자들이 논의를 거듭해온 정치경제학적 화두였다. 또다른 예로, 중국 공산당 지배는 경제성장과 개발이 곧바로 민주화로 이어질 것이라는 기대가 성립하기 어렵다는 점이 증명되었지만, 그렇다고 해서 경제성장과 민주화 사이에 어떠한 연관성도 존재하지 않는다고 단언하기도 곤란하다.

경제개발과 민주화의 인과관계론에 대한 입장은 매우 다양하다. 그중에서 윤석열 대통령이 선호하는 프리드먼이나 하이에크 류의 입장에서 말해보자면, 경제적 선택의 확장이 정치적인 민주화로 반드시 직접적으로 연관되는 것은 아니지만 유의미한 상관성을 지닌다고 할 수 있다. 어떻게 보면 신념의 영역에 속할 수도 있는 주장이지만, 전체주의적인 계획경제 체제가 아닌 시장경제 체제에서는 어떠한 형태로든 경제적 선택이 보장될 수밖에 없다. 그리고 이러한 경제적 선택은 적어도 시장경제가 세계시장 등 다양한 경제적 경로와 연결되어 제공된다는 점에서는 일정 정도 국가의 개입을 제한하는 효과를 가져온다.

예를 들어 무역의 경우 자유무역이 강제되기 위해서는 아무리 권위주의 체제라 할지라도 보호무역, 자국 기업에 대한 보조금 지급, 외국 상품에 대한 무분별한 관세 부과 등등의 제한조치를 하지 않아야 한다. 이런 식의 경제적 선택의 확장은 국가의 개입을 제한하게 되고, 제한이 확대된다는 것은 그 제한을 통해 이익을 볼 수 있는 사회적 집단(예를 들어 중산층)이 시장경제 발전과 함께 꾸준히 증대된다는 것을 의미하기 때문에 이러한 상황이 지속된다면 결국에는 민주화될 수밖에 없다고 보는 것이다.

이 외에도 다양한 경로가 있을 수 있겠지만, 하이에크가 칠레의 피노체트 정권을 지지했던 것은 그의 자유(지상)주의 이념에 대한 배신이 아니라 오히려 이러한 이론적 기반에서 나온 당연한 결론이었다고 할 수 있다. 시장경제가 보장하는 경제적 선택의 자유가 정치적 민주화를 추동하거나 적어도 지지 집단을 창출한다고 가정한다는 점에서 이들의 주장은 마르크스주의의 시민사회론과 상통하는 지점도 있다. 알다시피 마르크스는 자본가를 대상으로 한 노동자 계급의 경제적 투쟁이 일정한 한도를 넘으면 자연스럽게 '정치적 투쟁'으로 전화(轉化)될 것이라 가정하기 때문이다.

하지만 이러한 의미의 경제적 선택과 정치적 민주화의 관련성은 권위주의 체제의 종언을 설명해줄 수는 있어도 정치적 민주화 이후 민주주의의 공고화와 발전, 시장경제와의 관련성은 설명해주기 어렵다. 하이에크의 저작들을 꼼꼼하게 읽어보면 알 수 있지만, 하이에크는 민주주의 체제에서도 국가의 시장경제 개입이 지속될 수 있다고 보고 이를 최소화해야 한다는 입장을 내세웠으며, 그러한 입장을 정당화하는 논변을 펼치기 바빴다. 그런 의미에서 하이에크의 논지가 민주주의와 시장경제의 병행 발전을 설명하는 것을 목적으로 한다고 보기는 어렵다. 그럼에도 불구하고 그의 정보경제학적 통찰은 이 부분에서 유의미한 문제를 제기한다.

하이에크는 사상사적으로 오스트리아 학파, 더 거슬러 올라가면 스코틀랜드 계몽주의 전통에 근거한다.[✦] 이와 같은 하이에크의 입장을 '진화론적 합리주의'라 부르는데, 이는 프랑스 혁명의 전통과 맞닿아 있는 '구성주의적 합리주의'와 대립한다. 구성주의적 합리주의는 인간을 이기적, 고립적, 합리적으로 보는데, 이는 인간의 본질은 '악(惡)'하다는 견해이다. 구성주의적 합리주의는 인간이란 개별적이고 고립되었으면서도 합리적인 존재이기에 필연적으로 악할 수밖에 없으며, 이러한 악한 인간들을 규제할 제도를 조직, 계획하여 사회를 통제할 수 있다고 본다. 보다 나은 사회를 인간의 힘으로 만들 수 있다는 낙관주의와 인간 자체에 대한 비관주의가 공존하는 셈이다.

반면에 스코틀랜드 계몽주의에서 나온 진화론적 합리주의는 인간은 그렇게까지 악한 존재가 아니라고 본다. 사람은 본래 서로 의존하면서 사는 존재이며, 서로 의존하기에 그 내부에서 자연스럽게 의존적인 관계로서의 시장경제가 나타나게 된다. 즉, 시장경제를 일종의 '자연적' 질서로 받아들이는 것이다. 사회적 의존관계로서 시장경제가 기능하기 위해서는 서로에 대한 깊은 신뢰가 필요

✦　스코틀랜드 계몽주의에 관해서는 이영석, 『지식인과 사회』, 아카넷, 2014.

하다. 만약 이러한 신뢰가 없다면 애당초 거래가 서로에게 유익하지 않을 수도 있기 때문에 장기적으로 거래는 이뤄지지 않을 것이며, 시장경제 또한 유지될 수 없을 것이다.

그래서 하이에크는 개인들이 극도로 합리적이지도 않고, 효용을 극대화하지도 않는다고 본다. 왜냐하면 개인은 특정한 시공간을 거쳐 형성된 사회의 제도적, 환경적 조건 속에서 자연스럽게 만들어진 일정한 질서에 의존하며 살기 때문이다. 이런 상황에서 개인이 무분별하게 자신의 효용극대화만을 추구하는 일은 있을 수 없다. 신자유주의의 비조(鼻祖)로 불리는 이들이 정작 개인이 합리적이지도 않고 효용극대화를 추구하지도 않는다고 주장하니 당혹스럽게 느껴질 수도 있겠지만, 이들은 시장경제가 정보의 불완전성에 기초해 있다고 본다. 인간이 정보를 온전하게 파악할 수 없기 때문에 거래가 성립하기 위해서는 일정한 사회적 신뢰가 존재해야 하고, 그러한 사회적 신뢰에 기초하여 정보가 '투명'하고 '공개적'으로 유통되는 시장경제가 존재해야 비로소 효율적인 자원분배가 가능해지는 것이다. 이때 유통되는 정보값은 '가격'이라는 형태를 지니게 된다. 즉, 하이에크에게 시장경제란 정보가 가격의 형태로 유통되는 특정한 사회적 기제를 의미한다.

이러한 사회적 기제로서 시장경제는 그에 부합하는 적절한 형태의 도덕적 규범을 가진다. 앞서 말했듯이 높은 수준의 신용관계뿐만 아니라 시장에서 정보유통이 원활하게 이뤄질 수 있도록 공개성 등이 보장되어야 한다. 또한 이러한 높은 수준의 규범을 강제할 수 있는 '규율' 또한 존재해야 한다. 만약 신뢰를 배신하여 잘못된 정보가 유통되었을 때 높은 수준의 제재를 가할 수 없다면 시장경제는 안정적으로 유지될 수 없을 것이다.

하이에크가 소련국가사회주의의 계획경제뿐만 아니라 복지국가의 시장개입도 부정적으로 평가했던 것은 가격의 형태로 적절하게 정보가 유통되지 않을 뿐만 아니라, '암묵지'(暗默知)와 같이 개인에게 체화되어 있어 온전히 유통될 수 없는 정보 또한 존재했기 때문이다. 하이에크는 그와 같은 모든 정보들을 국가관료들이 온전하게 파악할 수도 없을뿐더러, 불완전한 정보체계를 보완할 '가격'이라는 형태의 정보유통도 이뤄지지 않는 계획경제 체제에서는 효율적인 자원분배와 적절한 효용제공이 불가능해질 것이라 예측하였다. 이처럼 하이에크는 진화과정을 거쳐 점차로 잘 조직되고 그에 부합하는 적절한 사회적 규범을 갖춘 시장경제라는 '자연적 질서'를 신뢰하였던 것이다.

이처럼 시장경제는 장구한 진화과정을 거쳐 형성되었지만, 그에 부합하는 사회적 능력을 갖추었을 때 비로소 적절하게 기능할 수 있는 '사회적 기제'이다. 하이에크의 주장을 곧이곧대로 받아들일 필요는 없겠으나, 적어도 그의 시장경제 이해에서 민주주의와 시장경제의 관계를 설정할 만한 한 가지 힌트를 찾을 수 있다. 바로 '정보'와 '사회적 신뢰'의 관계이다. 앞서 2부의 1장에서 아래와 같이 말한 바 있다.

이상의 요약을 통해 로버트 달의 민주주의론은 일정 정도 '시장경제'와 친화성을 지니고 있음을 알 수 있다. 시장경제 안에서 품질이 우수한 상품 또는 그 상품을 생산한 기업체가 소비자들의 선택을 받아 자연스럽게 애덤 스미스가 말한 '보이지 않는 손'에 의해 효과적인 자원분배와 효용극대화를 달성하듯이, 경쟁관계인 복수의 참주 중에서 인민의 의사를 좀 더 잘 반영하는 자가 시민의 선택을 받아 선거에 당선되고 민주주의를 구현해 나간다고 보았다. 막스 베버가 『소명으로서의 정치』에서 주장하였던 의회에서 정치 지도자를 산출하는 원리나 연방주의 논고에서 미국 건국의 아버지들이 기대했던 선거의 효과처럼, 자연스럽게 덕(德)이 있는 인물을 선거를 통해 선출해낼 것을 기대했던 것이다. 물론 '정당'이라는 체계화되고 위계화된 조직을 매개로 할 것을 기대했다는 점에서 차이가 있지만 말이다.

즉, 로버트 달에 따르면 시장경제와 민주주의에서의 선거과정은 일정한 정도로 친연적 관계를 형성하고 있다. 유권자가 보다 나은 선택을 하기 위해서는 시장경제에서와 마찬가지로 정당 및 정치인에 대한 '신뢰'할 수 있는 정보가 적절한 형태('가격'이 아니라!)를 갖추어 공개적으로 유통되어야 한다. 달리 표현하자면, 카를 슈미트가 지적했듯이 의회정치는 토론, 공개성, 합의성, 참여성 등 다양한 덕목에 기초하여 기능하는데, 시장경제의 적절한 운용을 위해 필요한 사회적 신뢰와 같은 도덕적 규범들은 의회주의의 원리와 상통하는 지점이 있다. 민주주의 발전과 시장경제 발전이 연결된다고 한다면, 바로 이 지점에서 하이에크의 정보경제학을 매개로 이뤄질 수 있을 것이다.

  앤서니 다운스의 책『경제 이론으로 본 민주주의』✦에서 '합리적 행위자' 이론이 민주주의를 설명하는 방식도 바로 이런 식이다. 즉, 정보의 불완전성에 기초하여 정확한 정보 습득을 위해 필요한 비용이 어떠한 방식으로 지불되는지에 따라 유권자의 성향이라든지, 투표행태라든지, 혹은 자신을 대신해 정보를 체계적으로 분석할 전문적인 대리인으로 정당이나 언론매체 등이 결정되는 양태를 분석하는 것이다. 만약 시장경제가 앞서 보았듯이 그것을 뒷받침하는 일련의 도덕적 규범들을 전제로 하여 사회적 신뢰 수준을 점차 고도화하고 정보유통을 쉽게 할 수 있다면, 정보의 불확실성 때문에 민주주의에서 발생하는 선택 과정의 문제 또한 어느 정도 줄여줄 것이다. 다운스의 지적처럼 그럼에도 불구하고 '파레토 최적'에는 도달하지 못할 수도 있겠지만 말이다. 이처럼 시장경제에서 소비자가 하는 행위와 선거영역에서 유권자가 하는 행위 모두 '선택'이라는 점에 착안하여 민주주의를 합리적 선택의 범주에서 설명하려고 한 다운스의 입장은 시장경제와 민주주의의 친연성 때문에 두 제도의 병행 발전이 가능하다는 것이었다.

✦ 앤서니 다운스, 『경제 이론으로 본 민주주의』, 박상훈 외 역, 후마니타스, 2013.

'가격'이라는 형태의 장벽이 지닌 문제

이 지점에서 한 가지 의문이 생긴다. 지금까지의 설명에 따르면, 시장경제와 민주주의의 병행 발전은 가격의 형태로 정보가 유통될 때 그것을 뒷받침할 사회적 신뢰 등의 규범들이 형성되어야 가능하다. 여기에는 한 가지 전제가 깔려 있다. 즉, '잘못된' 정보가 유통되었을 때 그에 대한 시장경제 내부 혹은 국가조직과 같은 외부의 '적절한' 규제가 이루어지기 때문에, 시장경제의 참여자들은 규제로 인한 손해를 피하기 위해 정직하게 정보를 유통하려 할 것이라는 전제이다. 지금 우리가 문제 삼아야 할 지점이 바로 이 부분이다. 만약 잘못된 정보가 누적되고 고의적으로 거짓을 말해도 합당한 처벌을 받지 않는다면, 혹은 처벌을 받더라도 미약한 수준이어서 같은 일을 반복하게 된다면 시장경제와 민주주의 병행 발전 관계는 반대로 병행 몰락의 길로 이어질 수도 있다. 그렇기 때문에 우리는 적절한 형태의 형벌을 통해 특정한 '시그널', 다시 말해서 사회적 신뢰성을 끌어올리는 방향으로 유도하는 시그널을 형벌의 부여를 통해 이뤄내야만 한다. 문제는 무엇으로 그러한 시그널을 줄 수 있는가이다.

예를 들어 디지털 성착취물을 제작, 판매, 공유한 N번방 가해자들에게 어떠한 방식으로 그들이 지은 죄의 의미를 그대로 전달할 수 있는가? 더 나아가서 사회적으로 이런 파렴치하고 무도한 일을 저지른 이들을 처벌함으로써 어떠한 시그널을 줄 수 있는가? 현실적으로 그들은 N번방 피해자들을 '수단'으로 하여 돈벌이를 했기 때문에 그 수익금을 모조리 압수하는 것이 가장 큰 타격이 된다고 추측할 수 있다. 하지만 '돈'이라는 형태의 형벌을 부과하는 것이 사회적으로 어떠한 의미를 지니게 될 것인가? 예컨대 범죄수익금을 모두 환수하는 형벌을 내릴 수도 있을 것이다. 하지만 그것이 진정한 의미의 처벌, 여성에 대한 디지털 성착취의 근절로 이어질 수 있는 처벌이라 할 수 있을까? 또 '돈'이 아니라고 한다면 대체 그들에게 어떠한 처벌을 내릴 수 있다는 말인가? 몇 년 동안 수감생활을 하고 출소 후 얻을 수 있는 돈이 많다면, 충분히 감수하고 감옥에 갈 사람들이 있을 것이다. 이렇듯 어떠한 형태로 처벌을 하든 그것이 '돈'이라는 형태로 이뤄지는 순간 모순에 빠지게 된다. 개인적으로 한국인들이 '엄벌주의'를 선호하는 가장 큰 이유는 그것 외에는 달리 어떠한 시그널을 줄 수가 없기 때문이다. 엄벌을 통해 범죄자의 삶 자체를 망가뜨릴 정도의 피해를 주어야 비로소 사회적 의미가 전달된다고 보기 때문에 엄벌주의를 선호하는 것이 아닌가 한다.

문제의 핵심은 결국 한국사회가 적절한 시그널을 줄 수 있는 사회적 규범 창출에 실패했다는 데 있다. 우리는 우리가 의도하는 사회적 의미와, 그것이 '돈'이라는 수단을 통해 전달될 때 생기는 '괴리'를 온전하게 해소할 수 없다. 다른 사회라고 해서 더 나은 묘수가 있다고 보기는 어렵다고 생각하면서도, 엄벌과 돈 외에 달리 어떠한 수단을 쓸 수 있는가에 대해 의문을 품게 된다. 이러한 상황에서는 통상적인 규범에 어긋나는 행위를 할 수 있는 사람을 처벌할 근거도 수단도 없기 때문에, 장기적으로 시장경제와 민주주의는 병행 발전이 아니라 도리어 병행 몰락의 길을 걷게 될 가능성이 높다. 다시 말해서 '가격'의 형태로 이뤄지는 자연스러운 선별작용은 역설적이게도 '가격'이라는 선별조건 그 자체 때문에 제대로 기능하지 못하게 된다.

규범 창출을 위한 집단적 의사결정 수단인 '당내 숙청'

이러한 문제를 어떻게 해결할 수 있을까. 하나의 공동체가 공동체로서 자립하고 정체성을 부여할 수 있는 기능을 수행하기 위해서는 역설적이게도 끊임없이 소속 구성원들을 '배제'해야만 한다고 주장한 사람이 바로 레닌이다. 레닌은 다소 살벌(?)하게도 당헌에 따라 당원과 당기구들을 규율하는 당기위원회를 활용하여 '당내 숙청'을 반복해야 한다고 주장한다. 레닌은 '당조직과 당문학'✦이라는 저작에서 당 '안'에서 유통되고 생산되는 문헌들이 어떠한

✦ 대부분의 한국어 문헌에서는 당'문학'으로 번역되어 있고 실제 번역문에서도 문학으로 번역해 두었지만, 러시아어 'литература(literatura)'는 문학만을 의미하지 않고 보다 넓은 의미에서 '문헌'을 지칭하는 것으로 보아야 한다. 그렇기에 정확한 번역은 '당조직과 당문헌'이다. 아래의 번역에서는 이러한 차이를 반영하지 않고 있는 그대로 인용한다.

원칙에 근거해야 하는가에 대해 주장을 펼친다. 다소 길지만 그대로 인용하면 다음과 같다.

당문학이라는 원칙은 무엇인가? 그것은 사회주의적 프롤레타리아트의 경우 문학은 개인이나 집단의 치부수단일 수 없다는 사실만을 의미하지 않는다. 사실 문헌은 프롤레타리아트의 공동대의와 무관한 개인적 과업일 수 없다. 비당파적인 작가들을 타도하라! 문학적 초인(superman)을 타도하라! 문학은 프롤레타리아트의 공동대의의 '일부분'이 되어야 하며, 전 노동계급의 정치의식화된 전 전위에 의해 가동되는 단일하고 거대한 사회민주주의적 기계장치(mechanism)의 '톱니바퀴와 나사'가 되어야만 한다. 문학은 조직적·계획적·통일적인 사회민주당의 구성요소가 되어야만 한다. … 그것이 자유로운 사상투쟁, 비판의 자유, 문학창작의 자유 등등을 타락시키고 사멸시키며 '관료주의화한다(bureaucratises)'라고 목청을 돋구는 신경질적인 지식인조차 존재하리라고 나는 감히 말한다. … 문학이 기계적 조절이나 평준화에, 소수에 대한 다수의 지배에 결코 종속되지 않는다는 것은 의문의 여지가 없다. 이 영역에서는 당연히 개인적 창의력, 개별적 성향, 사고와 상상, 형식과 내용 등에 보다 많은 여지가 허용되어야 한다는 것 역시 의문의 여지가 없다. … 그러나 … 문학은 다른 요소들과 불가분하게 결합된, 사회민주당 작업의 한 요소가 반드시 그리고 필연적으로 되어야만 한다는 제안을 반박하는 것은 결코 아니다. 신문은 다양한 당조직들의 기관지가 되어야만 하며, 그 필자들은 반드시 이들 조직의 성원이 되어야만 한다. 출판과 배포의 중심, 서점과 독서실, 도서관 및 그와 유사한 시설들은 모두

당의 통제 아래 두어져야만 한다. 조직된 사회주의적 프롤레타리아트는 이 모든 작업을 주시하고 전체적으로 감독해야만 하며, 시종일관 어떠한 예외도 없이 그 속에 살아 있는 프롤레타리아 대의의 삶의 흐름(life-stream)을 주입시켜야 한다. 그럼으로써 … 작가는 쓰고 독자는 읽는다는 원칙의 기반을 무너뜨릴 수 있게 된다.✦

인용문에서 레닌은 다음 두 가지를 주장한다. 하나는 당과 관련된 문헌은 철저하게 당의 통제와 계획 아래 생산되어야 한다는 것이고, 다른 하나는 이를 통해 '개인적'인 작가 활동을 하는 '부르주아적'인 작가 대 독자의 관계를 무너뜨려야 한다는 것이다. 일방향적으로 작가는 쓰고 독자는 그것을 습득하는 방식이 아니라, 당의 구성요소로서 작가가 대중정당인 당 안으로 유입되는 노동자, 농민 등 사회의 여러 계급들과 상호작용을 하면서 '대의의 삶의 흐름'을 흡수할 수 있어야 하고, 또 당은 작가들에게 그러한 흐름을 주입시켜야 할 의무가 있다는 게 레닌의 주장이다.

이 지점에서 레닌은 정당이 개별적인 의지와 특수한 의지, 그리고 보편적인 의지에 이르는 여러 단계의 이해관계를 초월하여 하나의 공동 의지 형성, 단일한 정체성 형성을 매개하는 역할을 해야 한다고 주장한다. 앞서 보았던 마르크스의 '다수의 단일자'는 바로

✦   V.I. 레닌, 『레닌의 문학예술론』, 이길주 역, 논장, 1988, pp. 52-53.

정당을 매개로 구성된다. 여기서 레닌은 1부의 1장에서 다루었던 '개인적'인 주권자와 대비되는 '집단적'인 주권자의 출현을 꾀하고 있는 것이다. 전제주의를 극복하기 위해서는 적어도 하나의 조직에 속한 구성원들이 그 조직의 구성원으로서 공동의 정체성을 지니기 위한 '집단적 결정'을 반복해서 내려보는 경험을 쌓아야 한다. 그러한 경험이 누적되지 않고서는 공동체의 구성원이라는 자각이 불가능하다. 파스칼이 어디선가 말한 바와 같이 믿기에 기도하는 게 아니라 기도하기에 믿게 되는 것과 같다. 누가 공동체의 구성원으로서 정체성을 지니고 있지 않은지 결정을 반복함으로써 확인하고 그를 배제하는 행위를 통해 집단의 정체성을 형성하고 유지할 수 있게 된다.

이러한 레닌의 주장에 대해 "맙소사, 당신은 문학작업과 같이 미묘하고 개인적인 문제에 집단적인 통제를 가하고자 하는가! 당신은 노동자들이 과학, 철학 혹은 미학의 문제를 다수결로 결정하기를 원하는가!"라고 경악할 수도 있다. 어떻게 당내 의견이 하나로 통일된 상태를 긍정하는가? 그것은 전체주의 아닌가!

"진정하시오, 신사양반들!" 레닌이 지금 논하고 있는 바는 당문학과 그것의 '당 통제에의 종속'이다. 당을 벗어나 있으면 모든 사람들은 이전과 똑같이 어떠한 제한도 없이 쓰고자 하는 것을 자유롭게 쓰고, 말하고자 하는 것을 자유롭게 말할 수 있다. 문제는 (당을 포함하여) 자발적인 결사체 내에서는 그러한 자유를 무제한적으로 누릴 수 없다는 것이다. 반당(反黨)적 견해를 옹호하는 데 당

명칭을 도용하는 당원들을 어떻게 당내에 둘 수 있단 말인가? 레닌의 말처럼 언론·출판의 자유가 완전해야만 하는 것처럼, 결사의 자유 역시 완전해야만 한다. 개인이 자기 마음대로 외치고 거짓말 하고 글 쓸 수 있는 권리를 '언론의 자유'라는 이름 아래 누릴 수 있다면, 하나의 자발적 결사체인 정당 또한 하나의 결사체로서 자기 자신을 보호할 수 있는 권리를 '결사의 자유'라는 이름 하에 누릴 수 있다. 만약 반당적 견해를 옹호하는 자들을 숙청하지 않는다면, 당은 종국에 이르러 '해체'되고 말 것이다.✦

물론 이러한 숙청이 정치 지도자 개인의 자의에 따라 이뤄져서는 곤란하다. 그러한 형태의 정당은 '사당(私黨)'의 형태를 띠게 될 것이다. 이러한 사당화를 가로막기 위해서는 정당에 다양한 이해관계 당사자들이 들어와 있어야 한다. 애당초 당의 성장이란 이질적 성분의 구성원들을 받아들여 동질한 구성원으로 재구성함으로써 이루어진다. 만약 정당이 계속해서 내부에 이질적 요소를 포함하고 있고 그 때문에 당내 분파 형성 및 내부 분열이 반복된다면, 그러한 정당은 존속할 수 없을 것이다. 당내 숙청은 이러한 가능성을 미연에 방지하기 위한 좋은 수단이다.

과거에는 당내 숙청과 같은 무시무시한 단어를 부정적으로 생각했을 뿐만 아니라, 과연 당내 숙청이 당 내부의 특정 정치 지도

✦ V.I. 레닌, 『레닌의 문학예술론』, 이길주 역, 논장, 1988, p. 54.

자 개인에 대한 포퓰리즘적인 지지에 의해 왜곡되지는 않을까 회의적으로 느껴졌다. 오히려 당내의 다양한 분파 형성은 그 자체로 긍정되어야 할 무언가가 아닌가? 그런데 이러한 주장은 조직의 '권위'를 전제로 하였을 때 비로소 성립할 수 있다. 만약 복수의 분파들이 합의할 수 있는 '공동의 지반'이 되어줄 권위가 존재하지 않는다면, 그러한 정당은 하나의 공동체로서 당내 분파를 '초월'하여 존재할 수 없고, 그것은 곧 정당 자체가 자립적인 공동체가 아닌 복수의 분파들 간의 '연합체'로 전락하게 된다는 것을 의미한다. 따라서 오히려 주기적인 '배제'와 그것을 통한 '다수의 단일자'의 형성은 조직의 정체성을 확고하게 할 뿐만 아니라 공동체로서 조직의 권위를 세우는 기초적인 작업이 된다.

레닌이 '숙청'이라는 무시무시한 단어를 사용하고 있다고 해서 반드시 '인적(人的)' 청산으로 이어질 필요는 없다. 당내 숙청이란 레닌이 지적한 대로 당과 반당(反黨)의 경계선이 무엇인지를 끊임없이 확인함으로써 당의 정체성을 보다 명료하게 하는 것에 목표를 두고 있기 때문이다. 당의 정체성이란 근본적으로는 당의 헌법인 당강령, 당헌 등에 의해 구체화되어야 하지만, 헌법이 그렇듯이 모든 부분을 다 포괄하기에는 부족하다. 구체적인 정치 상황 속에서 당의 실천적 행위가 당의 정체성과 어떠한 관련이 있는지, 당내의 다양한 의견들 중에 어떠한 것이 당의 정체성에 부합하고, 또 다른 것은 왜 부합하지 않는지 등을 반복해서 평가하고 문서화하여 교육자료로 남길 필요가 있다. 이것은 합법성의 권위에 의거하지 않고 일종의 '정치적 관습'인 '마음의 습속'(habits of heart)을 형성하는 방법이다. 토크빌적 의미의 '습속'은 토크빌이 미국 민주주의가 단순히 제도만으로 작동하는 것이 아니라 특정한 정신에 기초한다는 것을 드러내기 위해 도입한 개념으로, 그에 따르면 타운홀 미팅이나 기독교 정신, 국민 배심원제 등과 같은 제도는 민주주의를 뒷받침하는 데 필요한 시민적 덕성을 육성하는 수단으로 기능하고 있었다. 이에 대한 토크빌의 분석을 살펴보면, 결국 공동의 '의지'와 '경험'을 반복해서 확인하고 또 생산함으로써 단순히 제도적 차원에서가 아니라 문화적 차원에서 민주주의를 보편화한다는 게 중요하다. 당내 숙청도 바로 이러한 맥락에서 이뤄져야 한다. 조직의 구성원들이 구성원으로서 정체성을 지닐 수 있도록 조직이 보다 적극적으로 개입해야 한다는 말이다. '규범으로서의 습속'을 형성함으로써 그러한 정체성이 자연스럽게 정착하도록 유도하는 것도 필요하다.

다시 한번 레닌의 인용문을 본다면 레닌 또한 '사회민주주의적 습속'을 고려하고 있었다는 점이 보일 것이다. "신문은 다양한 당 조직들의 기관지가 되어야만 하며, 그 필자들은 반드시 이들 조직의 성원이 되어야만 한다. 출판과 배포의 중심, 서점과 독서실, 도서관 및 그와 유사한 시설들은 모두 당의 통제 아래 두어져야만 한다. 조직된 사회주의적 프롤레타리아트는 이 모든 작업을 주시하고 전체적으로 감독해야만 하며, 시종일관 어떠한 예외도 없이 그 속에 살아 있는 프롤레타리아 대의의 삶의 흐름(life-stream)을 주입시켜야 한다"는 그의 주장에서 주목할 지점은 '동일성'에 대한 강조보다도 오히려 '다양한 당조직들'의 존재를 전제로 하고 있다는 것이다. 다양한 당조직들 개개가 발행하는 신문매체들은 당과 일치된 정체성을 전제로 하여 그 관점에서 각자 의견을 내세우고 토론해야 한다. 어디서? 실제로 당원들이 마주하는 서점, 독서실, 도서관 및 그와 유사한 시설들과 같은 공간에서 말이다. 논의는 그 안에서 이뤄져야 한다. 당원들이 계속해서 모이고 마주하고 토론하고 논쟁할 수 있는 공간에 대한 레닌의 명시적인 언급은 타운홀 미팅 등과 같은 집회 장소를 긍정적으로 평가하는 토크빌의 '습속' 개념 하에서 독해되어야 한다.

사실 이 지점에서 토크빌의 『미국의 민주주의』, 『앙시앙레짐』 등의 저작들이 대단히 '귀족적'인 관점에서 서술되었음을, 그리하여 궁극적으로 그에게 중요한 것은 민주주의 자체가 아니라 '자유' 였으며, 그 자유가 대중의 광기에서 어떻게 보호될 수 있는가에 초점이 맞춰져 있었다는 것을 언급해야 한다. 다시 말해서 토크빌이 습속을 강조한 까닭은 그가 『앙시앙레짐』을 통해 우리에게 보여주고자 하는 것처럼 자유와 평등의 균형적 관계가 성립하기 위해서는 인민이 '대중'의 형태로 존재해서는 안 된다는 주장을 하기 위함이다. 보나파르티즘이 대중의 열렬한 지지 위에 성립했다는 사실을 토크빌은 염두에 두고 있었다. 『미국의 민주주의』가 민주주의에 대한 '귀족적 비판자'들의 우려를 누그러뜨렸다는 점을 고려한다면, 우리는 토크빌이 말한 습속이 행하는 기능에 대해 인민의

'귀족화'라 말할 수도 있을 것이다.

누구보다도 자유를 강조하며 타운홀 미팅을 중심으로 한 지역 자치, 사회적 결사체 형성, 그리고 배심원제를 매개로 한 재판자치를 꾀한 토크빌이 귀족적인 관점을 가졌다고 주장하는 것이 과하게 느껴질지도 모르겠다. 하지만 미국의 자치제도에 대한 토크빌의 찬양이 유럽의 '민주적 전제주의'[+]와의 대비에서 나왔다는 점을 고려해야 한다.[++] 평등에 기초한 민주적 전제주의를 지양하고 자유의 가치를 강조한다고 할 때, 그 자유에 대한 강조는 문화적 습속을 매개로 한 인민의 '귀족화'일 가능성이 높다.

레닌의 당내 숙청 또한 이러한 '귀족화'와 유사한 '당화(黨化)'의 맥락에서 해석되어야 한다. 당화를 매개로 하여 이질적이고 개별적인 요소들이 점차로 당 상층부에 가까워질수록 당화가 철저하게 이뤄져 있어야 한다. 그래야 당 전체의 이름으로 결정을 내릴 때, '다수의 단일자'라는 개념에 걸맞게 단일자로서 결단을 내릴 수 있게 된다. 만약 그렇지 않다면 당의 이름으로 결정을 내릴 때 그 안에 존재하는 이질적인 요소들로 인해 단일자가 붕괴될 수도 있다. 그러한 정당이라면 그 정당의 결정이 권위를 지니기 어려울 것이다. 이미 당화가 많이 진행되어 통일성이 확고하게 존재할 때 당

[+] 이러한 인식은 토크빌이 프랑스의 나폴레옹3세가 보통선거권을 매개로 '황제'가 된 것을 부정적으로 보았다는 점을 고려해야 이해된다.

[++] 또끄빌, 『구체제와 프랑스 혁명』, 이용재 역, 일월서각, 1989.

내부에서 나타나는 대립은 '기술적' 차원의 대립이지, 이질적인 이
해관계 차원의 대립은 아닌 것이다.

이처럼 레닌은 당의 모든 업무에서 당과 반당(反黨)의 경계선을
확인함으로써 조직의 정체성을 뚜렷하게 하였다. 조직의 구성원들
의 삶이 조직 안의 모든 영역과 적극적으로 연결되어 정체성을 부
여받아야 한다고 보았던 것이다. 삶 자체가 당화(黨化)되지 않는 한
전제주의의 침투에서 벗어날 수 없다. 근대 시민의 삶에서 국가가
차지하는 비중이 높다는 점을 고려할 때, 레닌이 어째서 '당내 숙
청'과 같은 과격한 단어를 사용하며 당원들의 모든 삶의 영역에 개
입하고자 하였는지 이해할 수 있다. '전체주의적'이라는 비난을 받
을 정도로 개입하여 정체성의 변화를 이끌어내지 않는다면 전제주
의에서 벗어나기 어렵다.

레닌의 이와 같은 주장에도 불구하고 과연 한국사회가 전제주
의의 자장에서 벗어날 수 있을지 의문이 드는 것도 사실이다. 아직
실현되지 않은 대안에 대해서는 언제나 '회의'라는 그림자가 들러
붙기 마련이다. 이 장은 대안의 구체성과 실현 가능성을 논하기보
다는 레닌이 주장하는 바와 같은 정도로 노력하지 않고서는 전제
주의에서 벗어나기 어렵다는 점을 강조하는 것으로 받아들여졌으
면 한다. 1부의 1장에서 다루었던 대통령의 주권적 결단을 사회의
'다수의 단일자'로서 행하는 주권적 결단으로 대체하기 위해서는,
'습속'을 형성할 수 있는 집단적 결정을 끊임없이 반복하는 것 말
고는 별다른 도리가 없다. 다소 김빠지는 대안이라 볼 수 있지만,

집단적으로 이뤄지는 결정이 끊임없이 반복되며 하나의 습속을 형성하고 규범으로 작용하는 경우가 더 많이 누적될수록 전제주의가 활동할 수 있는 여지가 그만큼 줄어들게 된다.

전제주의는 하루아침에 사라지지 않는다. 우리가 그것을 문제로 인식하고 개선하고자 반복적으로 노력할 때 어느 순간 비로소 사라지게 될 것이다. 이 책이 그러한 흐름에 조금이라도 기여할 수 있기를 바라며 글을 마치고자 한다.

마치며

이 책은 윤석열 정부를 소재로 하여 한국 정치의 구조적 특질을 논하고자 하였다. 이 책에서 파악한 한국 정치의 특질은 전제주의로 표현될 수 있다. 전제주의란 모든 사회적·공적 가치가 행정부의 수반인 대통령 개인으로 환원되어 표출되는 현상을 가리킨다. 본래적인 근대사회에서는 다양한 사회적·공적 가치가 제도 및 시민단체 등에 의해 표출되거나 대표되지만, 전제주의 사회에서는 행정부의 수반인 대통령 개인을 통해 표출된다. 체제의 민주성과 대표성이 낮아 다양한 공적 가치가 제도로 대표되지 못하는 사회에서는 대통령과 같이 모두의 바람을 대변할 수 있는 존재에게 온갖 의미를 부여하기 마련이다. 마르크스의 표현을 빌리면, 대통령 선거를 통해 '가장 단순한 남자'가 '가장 다양한 의미'를 획득하는 일이 벌어지기도 한다. 개개인이 대통령에게 자신의 욕구를 투영하기 때문이다. 즉, 대통령과 유권자 개인의 일체화가 일어나는 것이다.

대통령이 뭔가 대단한 사람이라서 이런 일이 일어나는 게 아니다. 오히려 아무것도 아니었기에 자기 자신을 제외한 모든 것을 의미할 수 있게 된다.✦ 늦은 나이에 사법고시에 합격해 평범하게 검사생활 하고 술 마시기 좋아하던 남자가 어느 날 갑자기 화제의 인물이 되어 당내의 다른 노회한 정치인들을 제치고 국민적 지지를 받는 일이 일어나는 것도 이런 맥락에서 설명될 수 있다. 그는 아무것도 아니었기에 오히려 더 많은 의미가 부여될 수 있었다. 이런 맥락에서 대통령에게 속았다는 말은 성립되지 않는다. 저 아무것도 아닌 자가 나를 대표해줄 수 있다고 속인 건 자기 자신이다.

그렇지만 한두 명이 속은 게 아니라 수백만, 수천만이 속았다면 이것은 개인의 판단력 문제라기보다는 어떤 구조적 문제라 할 수 있다. 이 책 1부의 1장과 2장에서는 전제주의가 가능한 구조적 조건으로 하나의 정당이 행정부와 입법부 모두를 장악하여 정국을 주도하고자 하는 '단점정부'의 경향과, 행정부가 의회를 우회하여 대중과 직접적으로 연결되고자 하는 '보나파르티즘적 특질'이 결합되어 있다는 점을 꼽는다.

입법부와 행정부를 하나의 정당이 동시에 장악했다는 말이 반

✦　카를 마르크스, 『프랑스 혁명사 3부작』, 임지현 외 역, 소나무, 1991, p. 81.

드시 대통령이 정국을 주도한다는 걸 의미하지는 않는다. 입법부와 입법부를 장악한 정당이 정국을 주도할 수도 있기 때문이다. 따라서 단점정부를 형성하고자 하는 경향이 강하게 나타난다고 하여 반드시 행정부 우위의 구도가 나타나지는 않는다.

입법부에 대한 행정부의 우위는 대통령이 의회와 정당을 우회하여 대중과 직접 연결되는 방식으로 통치의 정당성을 조직하고자 할 때 나타난다. 이 책에서는 단점정부를 형성하고자 하는 기조 자체는 권위주의 체제 이래로 지속되어왔지만, 그것이 문제가 되기 시작한 건 1987년 민주화 이후부터라고 주장한다. 1987년 민주화 이후 영호남 지역주의에 기반하여 정당들 간의 이합집산이 반복되는 과정에서 여당은 줄곧 여소야대 국면과 마주해야 했다. 대통령들은 3당 합당, DJP연합 등과 같은 지역주의 연합을 형성하는 방식으로 분점정부 상태를 극복하고 단점정부를 형성하려 노력했지만, 지역주의 구도에서 여소야대 현상을 극복하기란 쉽지 않았다. 영호남 지역주의 구도에서는 충청도가 일종의 캐스팅보트 역할을 수행했기에 충청도를 누가 장악하는지에 따라 대통령이 결정되기도 하였다.

이런 경향은 인구구조의 변화에 따라 수도권 인구비중이 비수도권 인구비중을 앞서기 시작하며 점차 약화되어갔다. 이제 지역주의는 영호남 지역주의가 아니라 수도권과 비수도권을 가르는 수도권 지역주의의 형태로 표출되기 시작하였다. 영호남 지역주의보다도 포퓰리즘적 대중운동이 주요한 정치적 의제가 된 것도 익명성이 강한 수도권 지역이 차지하는 비중이 커졌기 때문이다. 단점정부를 형성하여 안정적인 통치를 꾀하는 대통령들은 이 익명의 대중운동에 의존하기 시작했다. 대중운동의 힘이 대통령으로 하여금 단점정부를 만들고 정국을 주도할 수 있게 해주었다.

대통령과 대중운동이 직접적으로 연결되기 시작하며 앞서 말한 전제주의가 나타나게 된다. 대통령에게 모든 권한과 권력을 몰아주는 대신 그가 성군(聖君)이 되기를 바라는 이 대중운동의 흐름을 전제주의라 표현할 수 있다. 여기서는 공과 사가 엄격하게 구별되지 않는다. 개개인들은 자기 자신과 대통령을 더욱 강하게 '일체화'했으며, 자신이 추구하는 사회적·공적 가치를 대통령에게 투영하고자 하였다. 대통령은 '시대정신'을 짊어진 사람으로 포장되었으며, 그를 견제하거나 거스르는 행위는 모두 시대정신을 부정하는 일로 간주되었다. 무정형의, 익명의 대중집단들이 대통령을 절대적으로 지지하며 그가 하고자 하는 일은 무엇이든 정당화하고 옹호하려 하였다. 이런 맥락에서 이 책 1부의 3장에서는 파시즘, 의회정치 등과 비교하여 전제주의를 국가가 정당 및 시민사회의 견제와 통제에서 벗어나 자율성을 획득하고자 하는 시도로 파악하였다. 우리는 그 끝을 2024년 12월 3일에 있었던 윤석열 대통령의 비상계엄 선포에서 볼 수 있다.

입법부를 장악한 민주당의 견제와 통제 시도에 반발한 윤석열 대통령은 비상계엄을 통해 새로운 입법기구를 창설하는 방식으로 입법부의 통제에서 벗어나고자 하였다. 헌정질서를 무너뜨리고자 한 그의 시도는 그를 결사옹위하는 보수진영의 대중운동에 의해 뒷받침되고 있다. 잘못을 했으면 정권을 내려놓아야 한다는 민주정치의 기본적인 규칙마저 거부하는 현재 상황은 한국사회가 얼마나 깊숙이 전제주의에 침식되어 있는지를 보여준다. 1부의 4장에서 지적하였듯이, 대통령 자신이 위기의 근원인데도 불구하고 여전히 대통령에게 의존하는 대중운동이 나타나고 있다는 데서 전제주의를 극복하는 일이 쉽지 않다는 걸 확인할 수 있다.

그렇다면 무엇을 해야 하는가. 전제주의를 극복하기 위해 이 책 2부의 1장에서는 책임총리제와 같은 제도를 대안으로 내세웠다. 핵심은 책임총리제 자체가 아니다. 책임총리제를 통해 정당들의 역량을 키우고, 대통령에게 집중되어 있는 권한과 권력을 정당들에게 분산시킬 필요가 있다는 게 핵심이다. 그리고 2부의 2장에서 지적하였듯이, 노동조합 등 여러 시민단체들이 지닌 자율성을 존중할 필요가 있다. 전제주의가 시민사회에 침투할 수 있었던 조건에는 노동조합 등 여러 시민단체의 자율적 영역을 '기득권'으로 매도하는 대중의 분위기가 있었다는 점을 무시하기 어렵다. 이 분위기가 당장 사라지지는 않겠지만 적어도 사회적 자율성을 존중하는 태도를 갖출 필요가 있다. 대통령의 권한을 분산시키고 시민사회의 자율성을 존중해야 한다.

물론 단순히 권력을 분산시키고 시민사회의 자율성을 존중하는 것만으로는 부족하다. 정당과 시민사회 자체가 역량을 확보할 수 있어야 한다. 2부의 3장에서는 정당이 자율성을 지니기 위해서는 조직에 충성하는 개인을 만들어낼 필요가 있다고 주장하였다. 정당조직뿐만 아니라 한국 시민사회의 여러 조직에서는 조직의 구성원들이 조직에 충성을 바치지 않는 일이 비일비재하게 나타나고 있다. 이래서는 조직이 하나의 자율적 결사체로서 기능하기 어렵다. 토지귀족이 존재하지 않았던 역사적 특질이 이 지점에서 주요하게 작동하고 있다는 게 이 책의 입장이다.

마지막으로 2부의 4장에서는 결사체들이 하나의 '조직'으로써 기능하기 위한 조건으로 어떻게 조직의 구성원들을 묶어줄 '정체성'과 '규범'을 창출할 수 있을지를 다루었다. 집단적 결정을 반복해서 내리며 사회적 규범들을 끊임없이 축적해 나가야 비로소 국가가 시민사회에 침투할 때 발생할 수 있는 '저항'의 크기가 커진다. 시민사회에 침투하는 전제주의를 견제하기 위해서는 시민사회 자체가 방벽을 높이는 수밖에 없다. 또한 이렇게 집단적 결정을 반복해서 내리는 과정은 개인의 정체성 형성과도 연결된다. 개인이 다양한 시민단체에 소속되어 다양한 정체성을 지니게 될 때 비로소 대통령과 자신을 일체화하는 전제주의가 발현될 여지가 줄어들게 된다.

대통령이 대중운동의 지지 하에 모든 사회적·공적 가치를 독점하며 사회 어디든 자유롭게 개입할 수 있는 건 민주주의가 아니다. 이 '용포를 걸친 민주주의'를 한국사회가 극복할 수 있을지 아직까지는 회의적이다. 전제주의를 극복하기도 전에 더 심화된 전제주의가 출현할 가능성도 농후하다. 하지만 아무리 절망적일지라도 여전히 희망은 정치에 있다.

전제주의 극복은 한국만의 문제가 아니라 세계사적 보편성까지 갖춘 과제이다. 마르크스가 보나파르티즘이라는 개념을 제시하였을 때 그는 유럽 사회가 '아시아화'되고 있다고 보았다. 아시아적 세계에서 벗어난 유럽 지역이 자본주의 전개 과정에서 다시금 아시아처럼 전제화되고 있다는 마르크스의 인식은 오리엔탈리즘적 함의를 지닌 것처럼 보일지도 모른다. 하지만 반대로 아시아인들이 역사발전의 주체로서 나설 수 있는 영역을 폭넓게 보장하고 있다고 해석할 수도 있다. 우리 아시아인들이 전제주의를 효과적으로 극복할 때 자본주의의 전개 속에서 전제화되고 있는 유럽, 미국 등 다른 사회에 희망을 보여줄 수도 있을 것이다.

희망은 여전히 정치에 있는가? 그렇다, 희망은 여전히 정치에 있다. 다만 그 정치의 주체가 대통령이 아니라 우리 자신일 때 비로소 정치에 희망이 있다 할 수 있다.